U0465781

丛书策划

中国博物馆协会文学博物馆专业委员会

专家委员会

王秀涛　乐　融　刘东方　周立民　黄乔生　傅光明

文学时空漫步

漫步冰心文学馆

邱伟坛 著

中国书籍出版社
China Book Press

图书在版编目（CIP）数据

漫步冰心文学馆 / 邱伟坛著. -- 北京：中国书籍出版社，2021.7
ISBN 978-7-5068-8559-1

Ⅰ.①漫… Ⅱ.①邱… Ⅲ.①冰心—1900-1999—文学—纪念馆—介绍 ②冰心（1900-1999）—生平事迹 Ⅳ.①G269.269②K825.6

中国版本图书馆CIP数据核字(2021)第128912号

漫步冰心文学馆

邱伟坛　著

图书策划	武　斌
责任编辑	成晓春
责任印制	孙马飞　马　芝
封面设计	东方美迪
出版发行	中国书籍出版社
地　　址	北京市丰台区三路居路97号（邮编：100073）
电　　话	（010）52257143（总编室）　　（010）52257140（发行部）
电子邮箱	eo@chinabp.com.cn
经　　销	全国新华书店
印　　厂	北京睿和名扬印刷有限公司
开　　本	787毫米×1092毫米　1/32
字　　数	255千字
印　　张	8.625
版　　次	2022年1月第1版
印　　次	2022年1月第1次印刷
书　　号	ISBN 978-7-5068-8559-1
定　　价	48.00元

版权所有　翻印必究

目录

漫漫白雾起青萍 / 001

步步登楼照日影 / 021

冰生玉水风护林 / 049

心悦意诚迎客宾 / 065

文采风流觅知音 / 081

学行修明忆犹新 / 145

馆园内外海峡情 / 217

冰心文学馆（侧记）/ 229

漫漫白雾起青萍

"你好！请问，冰心是一位女士，你为什么称她为'先生'呢？"在冰心文学馆的展厅里讲解结束之后，一位跟我年龄相仿的游客问我。其实，已经无所谓这位游客是男士还是女士，是年长者还是年幼者，因为提这个问题的人很多，男女老少皆有。——这是我在冰心文学馆担任讲解工作的许多年里，碰到最多的几个问题之一。

于是，我不厌其烦地一次次解释："'先生'，顾名思义，是先于自己出生，引申为先接触新鲜事物的人，达者为先。在这里，'先生'是尊称，表示恭敬地称呼有较高学识与身份地位的人，称别人先生有向别人学习的意思，男士和女士都可以。另外，'先生'还可以指'老师'，而冰心先生对自己最为认同的身份就是一名老师，甚至比作家的身份更为认可。所以，我们一般称冰心为'先生'。"

闻者悟，并深以为然。

既如此，不妨请读者假设情景，置身冰心文学馆中，先随我来简单回顾一下冰心之为"先生"的世纪人生吧。

冰心（1900—1999），原名谢婉莹，祖籍福建长乐，出生于福州。二十世纪中国杰出的文学大师，忠诚的爱国主义者，著名的社会活动家，中国共产党的亲密朋友，中国作家协会名誉主席，中国民主促进会中央委员会名誉主席。一九一九年五四运动将她震上文坛，在将近一个世纪的文学生涯中，创作了四百余万字的作品，教育了一代又一代的读者；她宣扬的"爱的哲学"，影响了中国以至世界千千万万的人们。

1992年，文坛泰斗巴金这样评价冰心：

> 思想不老的人永远年轻，
> 冰心大姐就是这样的人，
> 她写了将近一个世纪，
> 今天还紧紧握住手中的那支笔。

> 思想不老的人永远年轻,冰心大姐就是这样的人,她写了将近一个世纪,今天还紧紧握着手中那支笔。
>
> 好几代的孩子读她的诗文懂得爱世界、爱大海、爱星星;听她的话,年轻人讲"真话写真话",为国家为人民奉献赤诚的心。
>
> 作为读者,我敬爱她;
> 作为朋友,我为她感到自豪。
>
> 巴金 九二年八月

巴金题字

好几代孩子读她的诗文懂得爱世界,爱大海,爱星星;
听她的话,年轻人"讲真话写真话",为国家人民创造赤诚的心。
作为读者,我敬爱她;
作为朋友,我为她感到自豪。

1900年10月5日,冰心出生于福建福州府隆普营一个海军军官的家庭。她的父亲谢葆璋是一名具有维新思想的爱国海军将领,曾参加过中日甲午海战,抗击日本侵略者。她的母亲叫杨福慈,书香门第,是宋代闽学鼻祖、理学家杨时的第27世孙女。

冰心出生7个月后,便随父母离开福州,迁至上海。1903年,

幼年冰心（左一）和大弟谢为涵跟随父亲在烟台。

谢葆璋赴山东烟台，任海军训练营营长，同时负责筹办海军学校。于是，冰心便跟随父亲来到烟台，在大海边度过了8年的童年时光。因此她称烟台为"第二故乡"。烟台的山与海，陶冶了她的性情，开阔了她的心胸；父亲、水兵和灯塔，更是在她幼小的心灵播下了爱国的种子和强国之信念。时隔多年，冰心仍然记得，夏日黄昏中，烟台大海边，面对夕阳下的满天红霞，父亲告诉小冰心：中国北方海岸好看的港湾多的是，比如威海卫、大连、青岛，都是很美的，但都被外国人占领了，"都不是我们中国人的"，"只有烟台是我们的！"父亲的话，深深地印在冰心幼小的心灵上。当时的她，只有一个理想，就是当一名守护舰船点燃光明的"灯塔守"。

也是在烟台，冰心开始认字读书。在家庭的熏陶下，她7岁即一知半解囫囵吞枣地读过《三国演义》《水浒传》《聊斋志异》等中国古典文学名著。不仅如此，她在11岁时，便已通读了商务印书馆出版的林译"说部丛书"，如《孝女耐儿传》《滑稽外史》《块肉余生述》（即《大卫·科波菲尔》）等等。冰心嗜书如命，她曾回忆说："这时我看书着迷了，真是手不释卷。海边也不去了，头也不梳，脸也不洗；看完书，自己嬉笑，自己流泪。母亲在旁边看着，觉得忧虑，竭力劝我出去玩，我也不听。有一次母亲急了，将我手里的《聊斋志异》卷一，夺了过去，撕成两段。我趑趄地走过去，拾起地上半段的《聊斋》来又看，逗得母亲反笑了。"看的书多了，冰心便偷偷地写起了小说，首先动笔的是一部介乎《三国演义》《水浒传》之间的白话体，名曰《落草山英雄传》，可惜落笔之下，处处是"金鼓齐鸣，刀枪并举"，"重复到几十次便写得没劲了"，到第三回就搁笔了。接着她又换成《聊斋志异》的文言体裁，写了一部《梦草斋志异》，因为同样的原因，半途而废。

1911年，辛亥革命爆发了。冰心随父亲回到久别的故乡福州，住进了南后街杨桥巷口万兴桶石店后的一座大院里。这座大院原是爱在左,同情在右,走在生命路的两旁,随时撒种,随时开花,使得这一程长途,点缀得香花迷漫,让穿枝拂叶的行人,踏着荆棘,不觉痛苦,有泪可挥,也不是悲凉。

冰心
八·十二
一九九三

冰心手书"爱与同情"

黄花岗七十二烈士之一的林觉民家的住宅，林觉民牺牲之后，林家人怕受株连，便卖了房子，避居他处。买下这座院子的人，便是冰心的祖父谢銮恩老先生。谢銮恩，字子修，清朝秀才，在福州三坊七巷内的光禄坊道南祠讲学授课，与大学问家严复、翻译家林纾等人是至交好友。冰心说："祖父的前后房，只有他一个，和满屋满架的书，那里成了我的乐园，我一得空就钻进去翻书看。我所看过的书，给我印象最深的是清袁枚的笔记小说《子不语》，还有我祖父的老友林纾（琴南）老先生翻译的线装的法国名著《茶花女遗事》。"在如此开明的环境里，冰心于1912年考入福州女子师范学校预科，成为谢家第一个正式进学堂读书的女孩子。

1913年，海军部长黄钟瑛一封电报，召谢葆璋赴北京国民政府出任海军部军学司司长，冰心一家便随父迁居北京，住进铁狮子胡同中剪子巷14号（现张自忠路33号）。1914年秋，冰心入学一所教会学校——位于灯市口的贝满女中；之后，她以第一名的成绩毕业，1918年考入协和女子大学理科预科，向往成为一名救死扶伤的医生。

随着"五四"运动的爆发和新文化运动的兴起，与同时代的年轻人一样，冰心也全身心地投入到这场轰轰烈烈地爱国运动中，投入到这股波涛汹涌的时代潮流中，将自己的命运和民族的振兴紧密地联系在一起。她被推选为大学学生会文书，并成为北京女学界联合会宣传股的一员。白天，她上街宣传，去大会旁听，到各处募捐；晚上，就埋头写反帝反封建的文章。

在这场运动洪流中，冰心于1919年8月25日的《晨报》上，发表了处女作《二十一日听审的感想》，署名"女学生谢婉莹"。9月18日，她又在《晨报》上发表了第一篇社会问题小说《两个家庭》，并第一次使用了"冰心"（编者加注"女士"）这个笔名。由于作品直接涉及重大的社会问题，一经发表，便产生了很大的反响。从此，冰心在写作的道路上，一发而不可收，相继发表了《斯人独憔悴》《去国》《秋雨秋风愁煞人》《庄鸿的姊姊》等"问题小说",突出反映了封建家庭对人性的摧残、面对新世界两代人的激烈冲突,以及军阀混战给人民带来的苦痛。

彼时,协和女子大学并入燕京大学,称燕大女校。冰心由于在写作上花费不少时间,也参加了许多宣传活动,她的理科功课特别是实验室的实验课,落下不少,没有时间也没办法补上。于是在家人朋友的劝说和自己的仔细考量下,她于1921年转入燕大文科。与此同时,冰心以一个青年学生的身份加入了郑振铎、许地山等人创办的文学研究会。她的社会问题小说代表作《超人》,小诗代表作《繁星》《春水》,白话美文代表作《笑》等诸多作品,在"为人生"

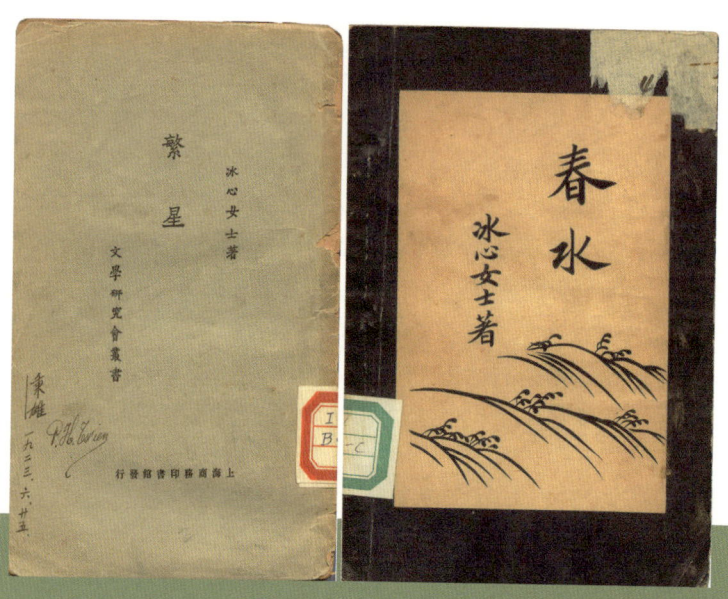

《繁星》早期版本　　《春水》早期版本

的旗帜下源源流出，引发社会强烈反响与评论界的重视；《繁星》《春水》更是推动了新诗初期"小诗"写作的潮流，影响了一代代青年人。

1923年，冰心以优异的成绩从燕京大学毕业，获得"金钥匙奖"，并取得美国威尔斯利女子大学的奖学金，于当年8月赴美留学。出国留学前后，冰心开始陆续发表通讯散文《寄小读者》，主要记叙了她在赴美游学旅途中的见闻和在异国的生活，这部作品成为中国儿童文学的奠基之作。此时，20岁出头的冰心，已经名满中国文坛。而冰心自己则说，是"五四"运动的一声惊雷，将她"震"上了写作的道路。

在去美国的约克逊总统号邮轮上，冰心阴差阳错般与清华学子吴文藻相识相知。到了美国以后，冰心在波士顿的威尔斯利女子大学研究院攻读文学学位，吴文藻则在达特默思学院攻读社会学，两人在随后的鸿雁往来中，逐渐加深对彼此的了解。1925年的夏天，在命运的安排下，两人不约而同地到康奈尔大学补习法语，碧水青山中，他们最终相爱了。

1926年，冰心完成学业，获得文学硕士学位先行回国，吴文藻则继续留在美国纽约曼哈顿的哥伦比亚大学攻读社会学的博士学位。回国后的冰心，先后在燕京大学、北平女子文理学院和清华大学国文系任教，成为深受学生喜爱的大学老师。1929年6月15日，她与学成归国的吴文藻在燕京大学未名湖畔的临湖轩举行婚礼，时任燕大校长的司徒雷登为他们主持了婚礼。

冰心与吴文藻

婚后的冰心，在教书育人之余，仍没有放下手中的纸笔，她不断发表作品，尽情地赞美母爱、童真与大自然，还有的反映了她对社会不平等现象和不同阶层生活的细致观察，有些作品更是显示出较为深层的社会内容，甚至与前作大为迥异，体现了她在写作道路上的不断自我追求。这无疑是冰心及其作品的成熟和进步。这个时期，冰心小说的代表性作品有《分》《冬儿姑娘》，以及引发热议的《我们太太的客厅》，散文的优秀作品是《南归——贡献给母亲在天之灵》等。

1932—1933年，《冰心全集》分三卷本（小说、散文、诗歌各一卷），由北新书局依次出版，这是中国现代文学出版史中的第一部作家个人全集。1934年7月，吴文藻冰心夫妇应平绥铁路局长沈昌先生之约，与文国鼐、雷洁琼、顾颉刚、郑振铎等八人，作平绥铁路沿线考察，后出版《平绥沿线旅行纪》。1936年，吴文藻因获得"罗氏基金会"游学教授奖金而前往欧美访问，冰心随行游学一年。他们先后在日本、美国、法国、英国、意大利、德国、罗马尼亚、苏联等地进行了广泛的交流与访问。在欧美游历一年中所见所闻，让冰心印象深刻，这与当年求学时的赴美之行大有不同，在开阔眼界的同时，她对中国的未来产生了忧虑。

吴文藻冰心夫妇甫一回国，震惊中外的"卢沟桥事变"爆发了，从此他们开始了颠沛流离的战时生活。1938年，冰心举家离开北平，经上海、香港辗转至大后方云南昆明。期间，吴文藻在云南大学授课，冰心则到呈贡简易师范学校义务教学，写作《默庐试笔》。

1940年，宋美龄以美国威尔斯利女子大学校友的名义，邀请冰心到重庆去做妇女指导工作。于是，冰心一家移居重庆，她担任妇女指导委员会文化事业组组长，随后出任国民参政会参政员，并参加中华文艺界抗敌协会，热心从事文化救亡活动。期间，冰心开始与周恩来有了接触，并应约在进步刊物上发表文章。周恩来曾邀请她访问延安，虽然未能成行，但他们的心是相通的。到重庆不久，冰心避居歌乐山，深居简出，以"男士"为笔名，发表了以《关于女人》系列散文为代表的名篇佳作。

抗战胜利后，吴文藻受邀出任中国驻日代表团政治组组长，1946年11月，冰心随吴文藻赴日本，开始长达5年的旅居生活。在日本期间，冰心曾在日本东方学会和东京大学文学部讲演，后被东京大学聘为建校以来第一位女性讲师，讲授"中国新文学"课程，并在日本掀起了"冰心风"。与此同时，吴文藻冰心夫妇在复杂的条件下，力所能及地团结和影响海外的知识分子，积极从事爱国和平进步活动。在新中国成立之初，冰心虽然身居日本，却始终心向祖国，坚决支持吴文藻毅然返回祖国。

终于，在中华人民共和国成立的新形势鼓舞下，吴文藻冰心夫妇冒着生命危险，冲破重重阻难，于1951年回到日思夜想的祖国，从此定居北京。归国之后，党和政府对吴文藻冰心夫妇的爱国行动表示肯定和慰勉，周恩来总理还在中南海亲切地招待了他们。在举国上下热火朝天的建设热情中，冰心感受到了欣欣向上的民心，并以百倍的精力投入到国内各项文化事业和国际访问交流活动中。她先后代表祖国和人民，出访过印度、缅甸、瑞士、日本、埃及、罗马、英国、苏联等国家，在世界各国人民中间传播中华文化，播撒友谊种子。

1953年，冰心加入了中国作家协会，发表大量文学作品，歌颂祖国，歌颂人民的新生活。她说："我们这里没有冬天"，"我们把春天吵醒了"。她把主要精力都放在为孩子们的写作上，她说："给儿童写作，对象虽小，而意义却不小。因为，儿童是大树的幼芽。"这个时期，她发表了《陶奇的暑期日记》《还乡杂记》《归来之后》《小橘灯》《樱花赞》《拾穗小札》等大量散文和小说，皆脍炙人口，广为流传，鼓舞和激励着人们。此外，她还勤于翻译，出版了多种译作，如《印度童话集》《吉檀迦利》《泰戈尔诗选》等，深受好评。

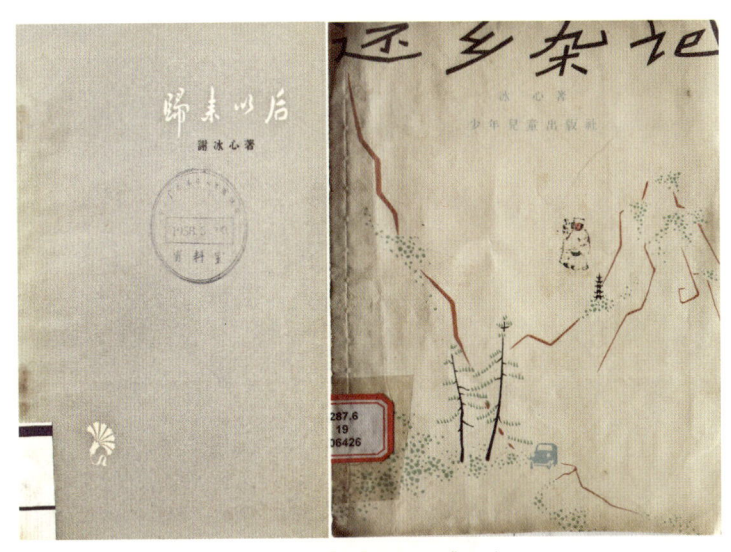

《归来以后》版本　　《还乡杂记》版本

随着政治局势的变化,"反右斗争""文化大革命"相继袭来,冰心一家也未能幸免,抄家、批斗、劳改。1970年,年逾古稀的冰心,从中国作协的湖北咸宁五七干校,调到中央民族大学的沙洋五七干校,与丈夫吴文藻一起种麦子、点豆子、看青菜、摘棉花,曾经妙笔生花的稿纸上,写满了检查,落满了泪水。一直到1971年美国总统尼克松即将访华,冰心与吴文藻才在周总理的安排下回到北京,接受党和政府交给的翻译任务。此后,她夫妇二人与费孝通等人,通力完成了《世界史纲》《世界史》等著作的翻译工作。在这段国家经济建设和政治生活极不正常的特殊历史条件下,冰心也和全国各族人民一样,陷入困顿和思索之中。尽管受到不公正对待,但她仍旧坦然镇静地面对一切,始终牢记周总理的话:"对党对人民就只有鞠躬尽瘁四个字了。"她坚信,真理一定胜利,正如在《世纪

寿桃图

印象》一文中所写到的："九十年来……我的一颗爱祖国，爱人民的心，永远是坚如金石的。"

终于，春回大地。中国共产党第十一届三中全会之后，祖国进入新的历史时期，思想不老的冰心迎来了奇迹般的第二次创作高峰。1980年6月，她突发脑血栓，9月又意外骨折。已八旬高龄的冰心，为了以后能继续为孩子们写作，竟然勇敢地接受了手术治疗。病愈出院后，冰心说："我想从1981年起，病好后再好好练习写字，练习走路，'生命从八十岁开始'，努力和小朋友一同前进！"

1980年，冰心发表的短篇小说《空巢》，获全国优秀短篇小说奖。此后，她又相继创作了《万般皆上品……》《远来的和尚》等小说精品，创作了《三寄小读者》《想到就写》《我的自传》《关于男人》《伏枥杂记》等散文佳篇。此时冰心的文学创作，数量之众多，内容之丰富，风格之独特，都使得她的文学成就达到了一个新的境界，出现了一个壮丽的晚年景观。难能可贵的是，冰心在年近九旬之时，以拳拳赤子之心，发表了《我请求》《我感谢》《给一个读者的信》等作品，为教育呐喊，为教师发声，为孩子疾呼，彰显一位有识之士的忧患意识，更渗透着她对祖国、对人民深沉的爱。

巴金先生曾说："她（冰心）是'五四'文学运动最后一位元老，我却只是这运动的一个产儿。"作为20世纪的同龄人，冰心的一生都伴随着中国社会的风云变幻，作为新文化运动的亲历者，冰心则一直紧跟时代的浪潮，笔写春秋七十五载。她从落后挨打的中国近代史走来，途经觉醒奋起的中国现代史，共同写就人民当家作主的当代史，用自己手中的笔，开创了"冰心体"的文学样式，进行了"白话文言化""中文西文化"的文学探索与实践。冰心是我国第一代儿童文学作家，也是著名的小说家、散文家、诗人、翻译家。她最早系统翻译了黎巴嫩诗人纪伯伦的《先知》《沙与沫》等作品。1995年，黎巴嫩共和国总统亲自签署总统令授予冰心国家级雪松骑士勋章，以表彰她为传播黎巴嫩文化，搭建中黎友谊桥梁作出的贡献。她还曾先后翻译了来自8个国家50多部作品，包括诗歌、诗剧、民间故事、书信、小说、散文诗等7种形式，其中印度泰戈尔的《吉檀迦利》《园丁集》及戏剧集多种，都是公认的文学翻译精品。

时至今日，冰心的《繁星·春水》《小橘灯》《寄小读者》仍被列为国家教育部新课标推荐书目和中小学生必读书目，她的文学影响跨越国界，作品被翻译成各国文字，得到海内外读者的喜爱和赞赏。1995年，海峡文艺出版社出版《冰心全集》，并在北京人民大会堂召开出版座谈会，赵朴初、雷洁琼、费孝通、韩素音、王蒙、萧乾、谢冕等出版座谈会并发言，高度评价冰心巨大的文学成就与博大的爱心精神。

冰心，是我国爱国知识分子的光辉典范。她身体力行，先后为家乡的小学、全国各地的希望工程、中国农村妇女教育与发展基金和受灾困难人民捐资助学，奉献爱心。她热烈响应巴金建立中国现代文学馆的倡议，捐出自己珍藏的大量书籍、手稿、字画，带头成立了"冰心文库"。冰心还拿出5万元稿费，希望能够设一个奖项，用这些钱来奖励写散文、爱文学的年轻人，这才有了后来的全国性大奖——冰心散文奖。这一奖项旨在表彰和提携中青年散文作家以及对中国散文事业作出突出贡献的作家、理论家、散文编辑和社会相关人士。

冰心，是我国著名的社会活动家和文化外交使者。新中国成立以来，她历任中国作家协会第二、三届理事会理事和书记处书记、顾问，中国文学艺术界联合会第二至四届全国委员会委员和副主席，中国民主促进会中央委员会副主席，全国人民代表大会第一至五届代表，中国人民政治协商会议第五至七届全国委员会常委和第八、九届全国委员会委员，全国少年儿童福利基金会副会长，中国妇女联合会常委等职。她以爱祖国、爱人民、爱孩子、爱大自然的博大爱心，关注和投身各项社会活动；她为我国的文学事业、妇女儿童事业的发展，为坚持和完善中国共产党领导的多党合作和政治协商制度，都做出了杰出的贡献。与此同时，冰心作为民间的文化外交使者，经常出访各国，足迹遍布全球，把中国的文学、文化和中国人民的友好情谊带到世界各个角落。她为国家的建设和增进与世界各国人民的友好往来，做出了卓越贡献。

1992年12月24日，全国性的社会学术团体冰心研究会在冰心的故乡福建福州成立，著名作家巴金出任会长，由此开展了一系列的研究和活动。为了宣传冰心的文学成就和文学精神，由冰心研究会常务理事会提议，经中共福建省委和省政府批准，在福建省文联的直接领导下，在冰心的祖籍地长乐建立了冰心文学馆。文学馆于1997年8月25日正式落成开馆。冰心文学馆占地面积13亩，建设面积4500平方米，馆内设研究中心、会议厅、多功能厅、展厅等，

| 展厅

常年陈列"冰心生平与创作展览"。

1999年2月28日21时,冰心在北京医院逝世,享年99岁。在她报病危之后,到医院看望冰心的人络绎不绝,其中就有党和国家的领导人和中央各部门的领导,以及中国作家协会的领导和作家代表等。

1999年3月19日,在八宝山第一告别室,人们从四面八方赶来,为冰心送行,其中有首都各界的中外友人,也有远道而至专程赶来的外地读者,既有文学界的老前辈,也有充满童心的小朋友,灵堂外前来送别的队伍多达数千人。告别室的门前,大红横幅上写着"送别冰心"四个醒目的大字,灵堂内摆满了鲜花和花篮,冰心老人安卧在鲜花丛中,花丛前是冰心生前共同为中国文学事业奋斗的好朋友、中国作协主席巴金的花篮和家属们精心编织的大花篮。这些花,是冰心生前最喜爱的玫瑰。

热爱冰心的人们以最"玫瑰"的方式向冰心做最后的告别。这里没有往日的肃杀,没有黑纱,没有白花,充溢着灵堂四周的,是大海一般的蔚蓝和玫瑰一般的鲜红。灵堂正面在一片浅蓝色和蔚蓝色的背景之下,衬托出冰心老人手书的"有了爱就有了一切"的几个大字,周围是松柏,是用红玫瑰织成的红心图案。

走进灵堂,耳边响起的是大海的波涛声,还有海鸥翱翔的欢叫声,管风琴与小号的幽雅旋律从遥远的天际飘摇而来……这是冰心的外孙陈钢精心准备的音乐。他从美国赶回来时,特意带回来大自然的音乐素材,由中国唱片公司的李大康和徐丽英经过音乐合成而成,乐曲分为"大海""生命""光明"和"晚霞"四个乐章。

党和国家领导人江泽民、李鹏、朱镕基、李瑞环、胡锦涛、尉健行、李岚

▌ 冰心文学馆夜景

清、丁关根、李铁映、贾庆林、温家宝、乔石等送来了花圈。李瑞环、李岚清、丁关根、王光英、程恩远、吴阶平、何鲁丽、许嘉璐、王兆国、赵朴初、钱伟长、陈俊生、孙孚凌、经叔平、罗豪才、张克辉、王文元、雷洁琼等领导同志前来向冰心老人告别。

冰心逝世后，党和人民给她以高度的评价，称她为"二十世纪中国杰出的文学大师，忠诚的爱国主义者，著名的社会活动家，中国共产党的亲密朋友"。冰心的名言是"有了爱就有了一切"，她爱祖国爱故乡爱人民，特别是爱孩子；她热爱生活，热爱美好的事物，特别是喜爱玫瑰花的神采和风骨；她热爱中华民族和全人类经过历史积淀下来的一切优秀文化成果。她把一生都献给了孩子，献给了祖国和人民，献给了全社会和全人类。她的纯真、善良、刚毅、勇敢和正直，使她在海内外读者中享有崇高的威望。

我们每一个中国人都应该为有冰心这样一位以"爱心精神"著称的文学大师而感到自豪！

"冰心，冰心！"又是一名年龄相仿的参观者好奇地问："冰心的笔名为什么叫'冰心'，是不是与'洛阳亲友如相问，一片冰心在玉壶'有关？"无疑，这是我碰到最多的几个问题之二。

于是，我回答："冰心先生自己对此的解释是：'用冰心为笔名，一来是因为冰心两字，笔画简单好写，而且是莹字的含意；二来是我太胆小，怕人家笑话批评，冰心这两个字，是新的，人家看到的时候，不会想到这两个字和谢婉莹有什么关系。'至于是否与'一片冰心在玉壶'有关，那就请观众朋友仁者见仁智者见智吧。"

步步登楼
照日影

上冰亡研究会同人亡

研究是耳科学的名词,科学的态度是严肃的,客观的,细緻的,深入的,容不得丰点私情。研究者像一位握着尖刀的手術刀的生物学家,对于他手底的待剖的生物,冷静沈着些将健全的部分和残废的部分,分剖了出来,放在解剖臺上,对以事详细解析,让他们好亡学习己,而且有待剖者的身份,辞得解剖的結果来洗己目。

冰心 陈氏二十七年十二廿三日

"研究"是一个科学的名词。科学的态度是：严肃的，客观的，细致的，深入的，容不得半点私情。研究者像一位握着尖利的手术刀的生物学家，对于手底下的待剖的生物，冷静沉着地将健全的部分和残废的部分分割了出来，放在解剖桌上，对学生详细解析，让他们好好学习。

我将以待剖者的身份，静待解剖的结果来改正自己！

冰心
一九九二年十二月廿二日
阳光满案之晨

上述文字是冰心研究会成立之时，冰心先生在 1992 年 12 月 22 日，以九十二岁的高龄，于"阳光满案之晨"手写的《上冰心研究会同人书》。因为 1992 年 12 月 23 日至 25 日，"冰心研究会"成立系列活动就要在冰心的故乡福建省福州市正式举行了。

冰心的小女儿、北京外国语大学教授吴青，女婿、北京外国语大学教授陈恕，外孙陈钢，以及中国作家协会党组成员、书记处书记、副主席张锲，中国现代文学馆馆长舒乙，《文艺报》总编吴泰昌，人民文学杂志社副主编周明等专程从北京赶到榕城。12 月 23 日下午，冰心研究会在福州市梅峰宾馆召开常务理事会；24 日上午，即在福建省画院隆重举行了成立大会。

历时一个半小时的成立大会，热烈、紧凑，而又欢声笑语。除了北京的来宾以外，还有福建省的凌青、陈俊杰、郭风、丁忊、张贤华、张是廉、范碧云、姚春树、汪文顶、王光明、孙绍振、陈瑞统、季仲、林正让、南帆、黄安榕、蔡海滨等 100 余名嘉宾参加了成立大会。同时，巴金、中国作家协会、中国民主促进会中央委员会、

冰心研究会

赵朴初题

展馆大门

冰心文学馆

赵朴初 题

中国作家协会、中华文学基金会、福建省委宣传部、福州市委、市政府、福建省文联、长乐县委、县政府、福建省作协、福建文学基金会、《福建文学》编辑部、台港文学选刊编辑部、海峡文艺出版社、福建少儿出版社、《警坛风云》杂志社、《海峡姐妹》杂志社、福州市文联等送来祝贺花篮……

冰心先生的《上冰心研究会同人书》就是由吴青代表母亲在成立大会上宣读的，到场的来宾无不被冰心的人格魅力所感染，会场掌声雷动。之后，张锲发表了热情洋溢的致辞，吴泰昌宣读了巴金的贺电，周明宣读中国作家协会的贺电，省政协副主席林逸代表福建省政府致辞，福建省文联文艺理论研究室主任、冰心研究会秘书长王炳根则向大会报告了冰心研究会筹备过程及工作。成立大会由省文联副主席张贤华主持。吴青的宣读和舒乙、张锲的讲话，分别将大会的气氛推向高潮。

冰心研究会是一个群众学术团体，旨在研究和组织研究冰心的作品、冰心的创作道路、冰心与时代与读者与知识分子的关系、冰心的晚年创作现象、冰心对中国文学的贡献、冰心在世界文学中的地位，以及冰心在妇女、儿童、教育等领域的成就等。让我们来回顾当时冰心研究会的组成人员：巴金出任会长，叶飞、赵朴初、雷洁琼、夏衍、何少川、斯诺夫人、韩素音等担任顾问，王蒙、萧乾、许怀中、张锲、潘心城等担任副会长。研究会阵容之强大，规格之高，在全国的文学社团中实属罕见，真是可见冰心先生德高望重的地位与所受到尊敬的程度。

冰心研究会的成立，在海内外引起巨大的反响。新华通讯社、中国新闻社向海内外发了通稿，国内的《人民日报》《文艺报》《福建日报》等二十几家报纸发了消息，海外的《联合时报》等以及美国、日本等华文报纸发了消息。其中，《文艺报》上的新闻报道略有不同。它在通稿最后加上了一段："据该会秘书长王炳根说，冰心研

冰心研究会
Bingxin Research Society

我也很倾向争取放在福州，有如没可以为此
何部长：专门向省首写一份报告，要求支持立项。
　　您好！
　　冰心研究会成立以来，积极地开展了一些活动，如编　何少川
辑出版《爱心》杂志、编辑《冰心研究丛书》（二卷）、　8.2.
发展会员，筹办《冰心创作与生平展览》等，最近，我们
组织了张乔、李又子、林卉等省里一流的播音员，录制《
冰心作品选》珍藏本录音带（共三集，150分钟），可
望下月底完成。

　　其中有一项重要的事情需向您汇报，这就是建立冰心
纪念馆事情。在去年研究会成立之初，这事就被常务理事
们正式提了出来，理由是，作为冰心这样一位有影响、有
名望的重要作家，应该有一处陈列其作品、版本、手迹、
手稿、文物、日常生活用品等的地方，这是一项文化建设，
对历史、对后人都有不可磨灭的价值。巴金在四川成都有
一处以《家》为蓝本的大型场馆，丁玲、张恨水等的纪念
馆也已建立，老舍的纪念馆也将在北京落成。

　　这以后，研究会便开始就此事进行联系。福州市表示
支持，长乐县表示可无偿提供地皮，北京有一些知名人赞
成在福建建馆（如萧乾等），有的则主张放在北京，冰心
先生的家人较倾向福建，这一次冰心先生生病（先是大便
出血，后肺炎发烧，但都闯过来了，于不久前出院）住院
期间，家人及亲朋好友议及此事，意向比较明确，福建如

王炳根致何少川信及后者的批示

究会正组织编辑出版《冰心研究丛书》，将抓紧与中国现代文学馆联合在福建举办冰心生平图片展，并将徘徊在福州建立冰心纪念馆。"这是第一次将"建立冰心纪念馆"的设想对外公布。

此后，除了开展一系列展览、研究、出版等活动以外，冰心研究会最重要的事情便是筹备建立冰心纪念馆。

1993年7月30日，冰心研究会秘书长王炳根就关于建立冰心纪念馆的事情，以个人的名义向时任中共福建省委宣传部部长何少川写信，征求他对建馆的意见。8月2日，何少川部长在王炳根的信上批示："我比较倾向争取放在福州，省文联可以为此专门向省长写份报告，要求支持立项。"

10月15日，中共福建省委宣传部，以闽委宣综〔1993〕075号文件批复：原则同意建立"冰心纪念馆"。

1994年1月3日，福建省省政府办公厅收到冰心研究会《关于建立"冰心纪念馆"的报告》（闽文联〔1993〕084号）。福建省副省长王建双批示："同意计委立项，请按程序办理，资金来源要落实，一旦批准，就要尽快建成。"2月25日，福建省计划委员会收到冰心研究会闽文联〔1994〕010号的报告，以闽计文〔1994〕019号文件，批复同意建立"冰心纪念馆"，总投资305万元。其中，省预算内投资200万元，省文联自筹105万元。

随后，冰心研究会向北京、福建的有关领导呈送《关于"冰心纪念馆"馆址的情况报告》，请求支持。1994年6月30日，全国人大常委会副委员长、冰心研究会顾问雷洁琼批示："这是一个很好的方案，请福建省和福州市有关领导给予支持。"8月17日，中共福建省委副书记贾庆林在报告上批示："馆址和纪念馆建设，请福州市委支持，尽快落实下来！"

8月30日，负责筹建的王炳根和林灼铭应约拜会时任福州市委书记习近平。习书记非常重视，当场指定市委副书记王文贵出面开

情况报告
（1994年第二号）
关于"冰心纪念馆"馆址的情况报告

经福建省委宣传部批准同意，福建省计划委员会正式立项拨款，在冰心先生的家乡福州市建立"冰心纪念馆"。纪念馆总建筑面积2000平方米，总投资305万元，其中省预算内投资200万元，研究会自筹105万元，两项资金目前均已基本到位。

在省计委正式立项后，由研究会牵头，组成了纪念馆建设小组，由秘书长王炳根任组长。目前，正在加紧选择和确定纪念馆的馆址。

建成后的冰心纪念馆，是一处高层次的文化场所，同时也是供中外游人参观游览的地方，因而，理想的馆址，应选择在福州市目前已有的文化场所、旅游景点附近，使之连成一个整体。根据这一构想，我们进行了大量的实地考察，有一处地方极为理想，这就是位于福建省画院北面的池塘空地。福建省画院是我省一处重要的文化设施，而东面又是福州市著名的乌山和白马河公园，将纪念馆建于该处，有利于共同形成规模较大的文化与旅游景点，且又付合福州市政规划。但是，由于对该处用地有不同的意见，所以，馆址也就无法确定。我们希望有关领导和部门，从文化建设和市政建设的总体考虑出发，支持和同意将冰心纪念馆建于该处。

> 这是一个很好的方案，
> 请福建省和福州市
> 有关领导给予支持。
> 雷洁琼 一九九四年六月廿四日

冰心研究会
一九九四年六月二十四日

报送：雷洁琼副委员长等研究会顾问、会长、副会长及有关领导

时任全国人大副委员长雷洁琼的批示

一个由规划局、土地局、研究会等方面的人员参加的协调会,以推进工作的进程。11月20日,福州市委召开冰心纪念馆馆址的协调会,王文贵副书记主持,市委宣传部、文管会、城管会、规划局、土地局、文化局等部门负责人出席会议。会议初定,馆址选在福州。

福州的三坊七巷,由三个坊、七条巷和一条中轴街肆组成,起于晋,完善于唐五代,是贵族和士大夫的聚居地,至明清鼎盛。古老的坊巷格局至今基本保留完整,是中国都市仅存的一块"里坊制度活化石"。坊巷内保存有200余座古建筑,其中全国重点文物保护单位有九处。冰心便是出生于此地一侧的隆普营,少年时期则居住在南后街杨桥巷口万兴桶石店("万兴桶石店"引自冰心《我的故乡》,实为"万升桶石店")后一座大院里。

理所当然,纪念馆的首选地便是福州。可惜,大家先后选择了省画院旁边的空地、左海公园内、温泉公园旁、市图书馆旁,乃至冰心的出生地隆普营、屏山公园内、梅峰宾馆后面、洪山镇国光村、中洲岛公园等等,几乎福州市内目之所及的空地都一一寻遍;无奈,几经波折,终因诸多原因,无法落实,寻址未果。在这种情况下,大家便把目标又投向了冰心的祖籍地——长乐。

其实,在设想之初,长乐就曾有建造冰心纪念馆的意愿,副省长潘心城在任财政厅厅长时也有这个想法。只是由于此前众人一门心思在福州选址,长乐的路子也便搁置起来。

长乐,虽然是冰心的祖籍地,然而,自从她的曾祖父离开长乐到福州城内谋生之后,在他们的家庭记忆里,长乐便日渐模糊,以致她的一些堂兄弟在填写籍贯的时候,常常填写的是福州或闽侯。但是在冰心的简历中,籍贯一栏却总是写着"福建长乐",虽然在她的记忆中是一次也没有到过长乐,父亲谢葆璋也仅回乡一次。这是因为,冰心认为:"假如我的祖父是一棵大树,他的第二代就是树枝,我们就都是枝上的密叶;叶落归根,而我们的根,是深深地

通往冰心文学馆展厅的步道

扎在福建横岭乡的田地里的。"所以,从这个意义上说,将冰心纪念馆建在长乐,也算是圆了冰心先生"叶落归根"的心愿。

随后,冰心研究会与长乐市委市政府取得了联系和初步接触,长乐方面表示了欢迎与支持。不久,他们又前往北京,向冰心做了解释和说明,征求了后者的同意。冰心纪念馆馆址的选择重心便逐渐偏向了长乐。

1995年9月8日,冰心研究会一行前往长乐,在长乐市委二楼会议室与长乐市主要领导举行座谈。王炳根开门见山,直接提出三点:1.冰心纪念馆的馆址正在选择中,长乐是一个考虑的地点,如果将馆址选在长乐,具体在什么位置?能不能看一下? 2.长乐市里能给多少地,地价的情况如何?是划拨还是优惠? 3.纪念馆由于是省的项目,建成后产权省属,管理和使用可以进一步协商。座谈的结果令人兴奋,时任长乐市委书记林义杰当即表示,非常希望冰心纪念馆建在长乐,从目前长乐的整个经济建设和市政建设发展情况来看,将冰心纪念馆建在长乐时机最佳,是长乐市的一大喜事,也是为长乐人民造福的一大实事。同时,长乐市委明确答复:关于地址,可在地处城区中心的大同开发区那一片60余亩的地段上,给10亩左右建冰心纪念馆,其他的一并规划,留做"冰心公园",整体建造

中共福建省委宣传部文件

闽委宣综[1993]075号

关于原则同意建立"冰心纪念馆"的批复

省文联:

闽文联[1993]083号《关于建立"冰心纪念馆"的报告》收悉。我部原则同意在冰心故乡福州建立"冰心纪念馆"。冰心是"五四"以来中国最著名的作家之一,其作品在海内外读者中具有广泛的影响。建立"冰心纪念馆"有助于系统地收集整理有关冰心生平和创作的珍贵资料,有助于对广大读者特别是青少年开展人生观、价值观、道德观和爱国主义的教育。请你们正式向省人民政府申请立项,并努力争取有关部门的支持,尽快落实"冰心纪念馆"建立的有关事宜。

此复

中共福建省委宣传部《关于原则同意建立"冰心纪念馆"的批复》

冰心主题片区；关于地价，长乐市将按市政府有关规定，作为公益事业用地和文化建设征地，提供最优惠地价；关于建成后的产权和管理问题，产权归省里，采取共同管理，并可再行协商。

打铁需趁热，座谈会后，与会各方立即前往大同开发区，实地勘察。广阔的土地尽收眼底，遥望闽江之水缓缓流过，机不可失啊！

9月27日，在省文联党组书记林德冠的牵头下，省委宣传部、省计委、省文联、冰心研究会、长乐市委、市政府等有关各方，一同奔赴长乐进行实地考察，举行现场办公，最终确定将冰心纪念馆建在长乐。同时，长乐市表态，将同意公园面积扩大至70亩，其中无偿划拨10亩地建造冰心纪念馆！随后，将方案汇报省里主要领导，均获同意。

需要特别说明的是，因考虑到当时冰心先生还健在，冰心纪念馆的名称不太合适，10月6日，在给省委、省政府呈报《关于确定冰心纪念馆长乐馆址的请示》中，将"冰心纪念馆"改为"冰心文学馆"。

冰心女儿吴青宣读冰心的书面讲话

时间来到 1995 年 10 月 21 日，福建省党政及各部门的领导、社会各界人士共 300 余人，在长乐为"冰心文学馆"奠基，举行了隆重而简朴的仪式。冰心的女儿吴青、女婿陈恕教授专程从北京前来参加奠基仪式。首先，由吴青教授宣读了冰心先生的书面讲话：

听说"冰心文学馆"就要在福建长乐奠基，我感到非常高兴。我本来应该自己来的，但是由于我现在在医院治疗，我委托我的小女儿吴青和女婿陈恕前来参加这个仪式，以表示我的感谢。我要感谢福建省委、省政府、省文联、福州市委、中国作家协会、福建省政协、中国民主促进会福建省分会和长乐市的领导对筹建这座文学馆所给予的支持和帮助。我也要感谢"冰心研究会"的同志们，特别是王炳根同志，他从选址到寻址做了大量耐心而细致的协调工作，最后确定在长乐市。

建造这座文学馆不仅是对我七十五年文学创作的表彰和肯定，也是对优秀文学创作对社会进步和繁荣所起的作用的肯定，对此我感到十分欣慰。

随后，福建省、福州市、省文联、长乐市各级领导及嘉宾分别讲话，祝贺冰心文学馆顺利奠基。福建省委副书记、福州市委书记习近平特地发来贺信：

福建省文联、冰心研究会：

值此冰心老人 95 岁华诞初度之际，欣悉省文联、冰心研究会在她的家乡——长乐市隆重举行冰心文学馆奠基典礼，谨此致以热烈的祝贺！

冰心老人是与世纪同龄的我国现代著名女文学家。在近一个世纪的漫长岁月里，她以对祖国、对人民的深情炽爱，笔耕不辍，硕果累枝。她的作品格调高雅，意蕴深远，催人上进，是祖国文学宝库中的珍品。她是福州人民的自豪与骄傲。相信冰心文学馆的建立，必将促进老人家乡乃至全省文学事业的发展。

祝愿冰心文学馆早日竣工！

一九九五年十月二十一日

全国政协副主席赵朴初为"冰心文学馆"题写了馆名。至此，冰心文学馆的建设如期走上快车道。

奠基之后的第三天，省文联对冰心文学馆的建设提出"一流设计、一流施工"的要求，将冰心文学馆的编制级别定为正处级，并

潘心城副省长展示赵朴初题写的"冰心文学馆"馆名

从这里开始

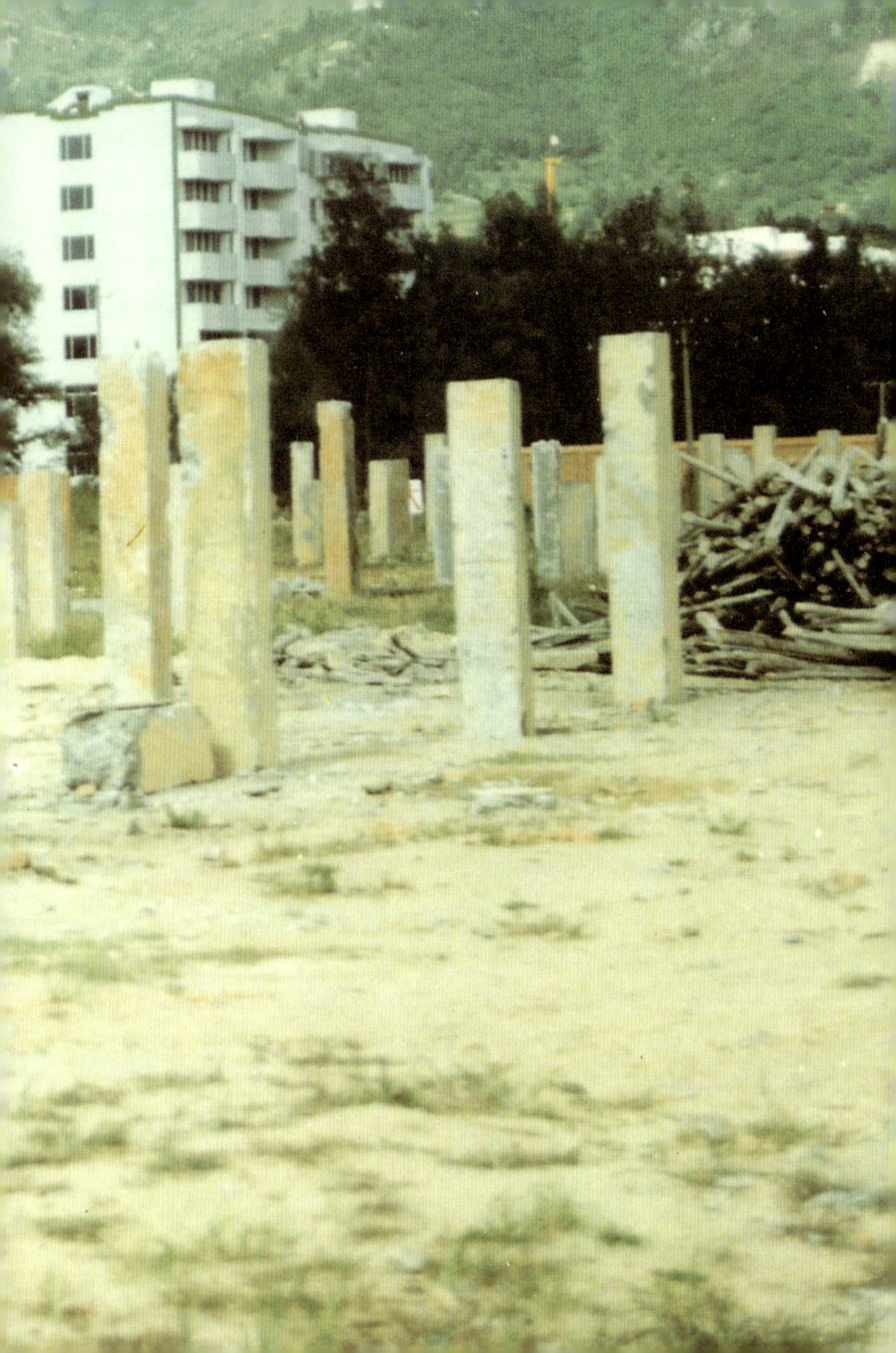

确定基建的领导班子：省文联组成冰心文学馆领导小组，由陈章武任组长，王炳根、林灼铭、储榕霖为副组长；领导小组下设办公室，王炳根兼办公室主任，办公室成员有陈毅达、李清、陆广星等。不久，基建领导小组经过综合各方面的考虑与比较，最终选定东南大学建筑设计院教授、中国科学院院士齐康老师担纲冰心文学馆新馆建筑的总设计。

1996年1月23日，齐康教授和弟子王建国教授专程前来长乐察看现场，随后在西湖宾馆召开总体方案座谈会。省委宣传部、省计委、建委、省文联、长乐市、冰心研究会等单位出席，就冰心文学馆的总体方案进行了评审座谈。

齐康教授在阐述冰心文学馆建筑风格时，精辟地总结：现代与闽中传统的风格相结合，冰心的文学精神与自然环境相统一。在细部上，齐康教授进一步解释：馆区周围弯弯的水沟勾画出一个"心"字，馆区总体上是"十"字加"口"字。"十"字是敞开，是现代的建筑构成，在中央的大厅部易于表现高尚，其平面则利于朝向四方；"口"宜于形成一种安静的、从事文学研究的场所。福建地区的气候炎热，建筑更应通透，将客房、办公室和餐厅组成小小的四合院，前低后高，使客房和办公室均有好的采光，中间以一汪池水借喻"春水"来点题。

这个方案获得一致好评，并顺利通过，最终确定设计总平面为4330平方米。下一步的施工、结构图，由省建筑设计院完成。

3月13日，正值两会期间，何少川、潘心城、许怀中、林德冠、陈奋武、林灼铭、王炳根等前往北京医院探望冰心先生。冰心先生看着齐康教授设计的冰心文学馆的效果图，说："真漂亮。"

返榕之后，冰心文学馆的基建前期工作继续进行。3月29日，经过比较，确定将施工建设工程委托给长乐古槐建筑公司。7月2日，在阵阵的机器轰鸣声中，冰心文学馆正式打下第一根基桩！

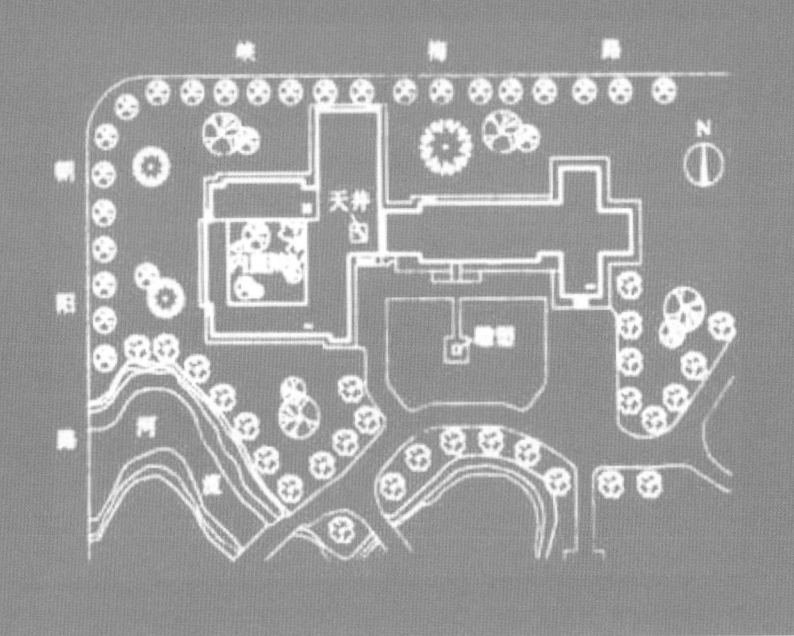

冰心文学馆总平面图

　　时间如梭，白驹过隙，在各级有关单位和领导的大力支持下，冰心文学馆的工程建设有条不紊地进行着。10月23日，工程全面封顶。1997年1月24日，主体工程完成，冰心先生口中"真漂亮"的美丽建筑——冰心文学馆，已经在世人的初展风采了。

　　冰心文学馆的硬件建设告一段落，软件的建设也在同步进行。其一，是设岗编制。1997年3月3日，根据福建省机构编制委员会闽综〔1997〕43号文件，批复同意成立冰心文学馆："经研究，同意成立冰心文学馆，为你会直属的事业单位，规格相当正处级，核定事业编制22名，配正副领导职数3名（其中副职2名），经费列'文化事业费'开支"。

其二，是冰心资料的收藏工作。冰心文学馆作为一个作家的专题博物馆，建造的首要目的就是为了收藏与展出冰心的生平事迹与创作成就，包括版本、书籍、报刊、手稿、手迹、图片、音像、实物，等等。经过冰心研究会的努力，开馆之前收集的资料，大致由几个方面组成：冰心及她的家人，尤其是陈恕教授，给予大力支持；冰心研究专家、中国社会科学院卓如教授的赠予；中国现代文学馆的兄弟般的扶持；再有就是冰心研究会举办过两次大的展览（1993年与1994年举办的"冰心生平与创作展览""冰心作品书法与绘画大展"），得到全国作家、画家与书法家的支持，收藏了一批展品，成了宝贵财富。此外，还从省文联资料室中挑选了一些有关冰心与

冰心文学馆各立面图和剖图

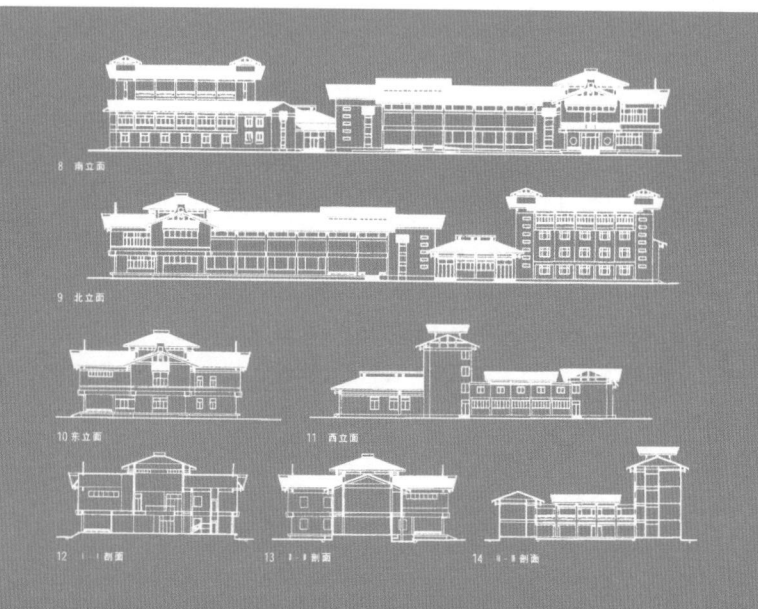

现代文学的资料，等等。

其三，是冰心文学馆的内装修和"冰心生平与创作展览"的布展工作。展览脚本的撰写自然由王炳根完成，布展的重任则落在刚从长乐师范学院调进的美术老师刘东方的肩上。刘东方为了开阔视野，增长见识，先后到北京、上海、南京等地参观学习，考察几家著名的博物馆，学习布展的经验，同时向齐康教授请教。最后，由他设计与布置的展览，简洁、自然、高雅而优美，与冰心文学馆的建筑风格、与冰心的风格融成一体，相得益彰，成为一个完整的艺术整体。

冰心文学馆落成开馆

前前后后，方方面面都准备就绪。临开馆前，省文联领导陪同省领导何少川、潘心城等再一次来到冰心文学馆现场，对新落成的冰心文学馆给予高度的评价。林德冠书记代表省文联党组讲话，他说，工程完全达到"一流设计，一流施工"的要求，现在要再加上一个一流，即在开馆后要有"一流管理"。何少川副书记代表省委、省政府提出冰心文学馆今后的建设目标，要成为全国宣传与研究冰心的中心，对外文学交流的中心，爱国主义教育基地，精神文明的窗口和旅游休闲的景点。潘心城副省长则说，这个馆的建设，投资最少，速度最快，质量最好，在省的重点项目中要好好总结经验。

1919年的8月25日，冰心在《晨报》上第一次发表作品《二十一日听审的感想》，署名"女学生谢婉莹"；1997年8月25日，是78年前冰心处女作发表的纪念日。——冰心文学馆的开馆仪式，就定在了这一天。

1997年8月25日的长乐，骄阳似火，暑气逼人。

来自北京、香港的文艺界人士和福建省党政及各部门领导、社会各界人士共500多人，齐聚长乐市"爱心公园"（现改名为"冰心公园"）内，在省文联书记处书记、省作家协会主席陈章武的主持下，为冰心文学馆开馆举行了隆重、热烈的开馆仪式。下午4点15分，仪式正式开始，原本火轮高吐的天空，飘来朵朵祥云，遮住了太阳，带来了凉风。

冰心女婿陈恕教授宣读了冰心先生的贺辞：

欣闻"文学馆"在我的家乡长乐落成，我谨表示衷心祝贺和感谢。

"文学馆"从1995年10月奠基到落成还不到两年，速度之快真出乎我的预料，我不仅盼到了香港的回归，而且看到了文学馆的落成，真是叫我高兴！我因年迈体弱不能亲自参加这次开馆庆典，但我希望我的小女儿吴青和女婿陈恕来代表我和大家一同分享这一喜庆的欢乐。

"文学馆"凝聚着福建省各级领导，文艺界的朋友，福建的父老乡亲以及参与筹建和兴建这座文学殿堂的同志们的心血和厚爱，它表达了同志们对我文学创作的肯定和表彰，也是对文学创作对社会进步和发展所起作用的肯定。对此请接受我对大家由衷的感谢。在文学创作的海洋里，我仅是汇入文学海洋的一股涓涓细流，还有不少像我这样的作家，如巴金等都为祖国的文学事业作出了杰出的贡献。在福建就有不少享誉全国的作家如郑振铎等，特别是那些出类拔萃的中青年作家，他们是我国文学的中坚和未来。所以，这所"文学馆"是文学欣欣向荣的标志，它也将成为祖国新文学继往开来一座新的里程碑。

我相信"冰心文学馆"在省文联党委的直接领导下，加上省各级领导和文艺界的热情关怀和支持，以及文学馆全体同志的共同努力，定将成为一个文化交流和文学创作的好地方，并将对我们家乡乃至全国的文学艺术的不断创作和繁荣起到积极的促进作用。

1997年8月9日于北京医院

我们都爱你

——在冰心文学馆开馆式上的祝词

舒 乙

今天是一个大喜的日子,是一个举行文学盛会的喜庆佳节,我和周明特地由北京赶来,代表中国现代文学馆,对冰心文学馆的落成和开馆表达我们最热烈的祝贺。

冰心文学馆除了它固有的特色之外,还有许多独特之处,譬如说:

它是一个为依然健在的一位大作家建立的文学馆;

它不是在旧居或故居基础上建立的,而是专门择地特别建筑的文学馆;

它是头一个纯粹为作家建立的专业馆,馆主不是兼有思想家、革命者的身分,也不是共产党员,而纯粹以自己文学成就赢得人们尊敬和爱戴的;

它是第一个以个人命名的文学馆;

所有这些都使冰心文学馆非同凡响,它的建立格外引人瞩目,成为中国文坛上的一件大事。

我们是专程来向冰文学馆的建设者们学习的。冰心文学馆的建设有五个"最":花钱最少、速度最快、质量最高、通力合作最佳、影响最大。冰心文学馆的经验无疑会给正在建造的中国现代文学馆新馆工程提供良好的借鉴。

冰心文学馆和中国现代文学馆是事业上的姊妹馆、兄弟馆,我们现在是彼此帮助、彼此支援的,将来为了共同的兴旺,我们依然会彼此帮助和支援。两座文学馆会成为渐渐密织的我国文学馆网络里的中坚力量。

愿冰心文学馆不仅成为福建的文学展览中心、活动中心、交流中心、爱国主义教育基地和旅游佳境,还愿它成为像老托尔斯泰"雅斯纳亚波梁纳庄园"那样的,世界级的,文学朝圣名地。

七十多年前,冰心先生初到美国 ITHACA,为它的美景所倾倒,曾写下著名的《绮色佳》一文,她说"这些都是画中情啊,诗中情啊,剧中情啊,我做了画中人、诗中人、剧中人了!"

今天当大家在这里为冰心文学馆隆重剪彩的时候,冰心先生再一次做了"画中人,诗中人,剧中人",而且成了光荣的"人中人"。

愿我们今天的欢乐之声通过声波的传送,飞向北京,飞向冰心先生。让我们大家一起向她真挚而虔诚地说:

我们都想念你!

我们都惦念你!

我们都爱你!

舒乙在冰心文学馆开馆式上的祝词

▌何少川、潘心城向林德冠、王炳根授牌

　　中国作家协会党组副书记王巨才代表中国作协致辞。中国现代文学馆馆长舒乙在讲话中高度称赞冰心文学馆是个创造，是个奇迹。

　　中共福建省委副书记何少川、副省长潘心城，向福建省文联党组书记兼冰心文学馆馆长林德冠，福建省文联理论研究室主任兼冰心文学馆常务副馆长王炳根授赵朴初所书的"冰心文学馆"馆牌。

为"永远的爱心"雕像揭幕

程序、刘金美、许怀中等领导为"冰心生平与创作展览"开展剪彩，为"永远的爱心"雕像揭幕。[1]

　　冰心文学馆的建成开馆，在中国文艺界当中引起极大反响，先后收到全国各地大量的贺信、贺电。其中，巴金先生手书的贺辞，简洁却又深刻，让人过目不忘，时时刻刻都在激励着每一位冰心文学馆人："愿冰心大姊一片爱心感动更多的人！"

---

[1] 冰心研究会、冰心文学馆编印，《冰心研究会20年、冰心文学馆15年成长纪事》，2013年1月，第17页。

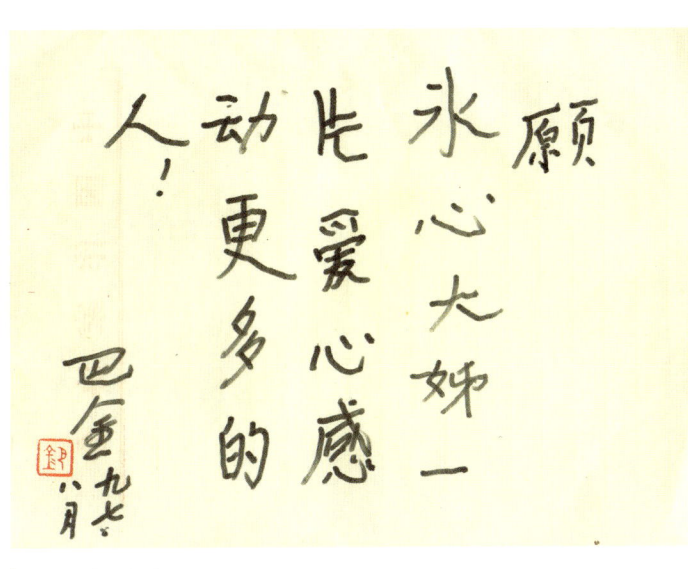

愿冰心大姊一片爱心感动更多的人！

巴金 九七八月

巴金先生的贺辞

冰生玉水 风护林

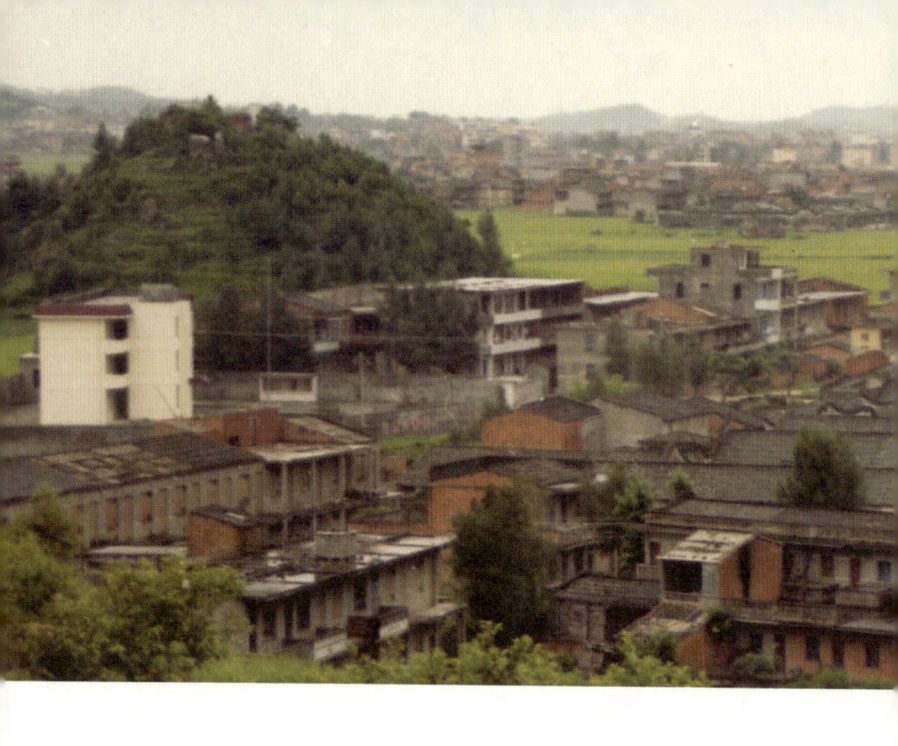

祖籍，是中国特有的文化概念，是由祖先崇拜所产生的，一般是以父系祖先、祖辈的家族长久的居住过的地区为祖籍。

无须赘言，冰心的祖籍地就在长乐的金峰镇横岭村，位于长乐北部内陆地区。全村姓谢，目前有户数约150户，人口500余人，在相当长一段时间内，这里的人们世代靠农田种植为生。据2005年由福州市地方志编纂委员会组织编写的《冰心志》："横岭谢氏源于河南唐河，'永嘉之乱'时，申伯三十六世孙谢衡自河南阳夏迁越之始宁（今浙江绍兴市上虞区）之东山。至申伯六十五世孙伯俭为贾迁长乐，生子录、铨"，"铨居横岭"，冰心的曾祖谢以达系申伯八十五世孙。（张天禄主编：《冰心志》，福州：海风出版社2005年6月第1版，第27页）

金峰镇横岭村旧貌

　　谢以达即冰心的曾祖父,是横岭村一位目不识丁的农民。清朝后期(具体时间已不可考,约嘉道年间),福建长乐横岭屡遭自然灾害,"春夏干旱,早晚稻收成无几,为饥馑所迫"。(张天禄主编:《冰心志》,福州:海风出版社2005年6月第1版,第28页)谢以达无奈之下,举家逃出世居的横岭,另谋生路,最终落脚福州府城。

　　在福州府城中,谢以达别无谋生手段,仅依凭不用资本的"三把刀"(剪刀、厨刀、剃刀)之剪刀学做裁缝,谋生度日。当时为人做衣很少现钱交易,经常是赊欠要账。按当地风俗,"做裁缝的是一年三节,即春节、端午节、中秋节,才可以到人家去要账。这一年的春节,曾祖父到人家要钱的时候,因为不认得字,被人家赖了账,他两手空空垂头丧气地回到家里。等米下锅的曾祖母听到这

不幸的消息，沉默了一会，就含泪走了出去，半天没有进来。曾祖父出去看时，原来她已在墙角的树上自缢了！他连忙把她解救了下来，两人抱头大哭。这一对年轻的农民，在寒风中跪下对天立誓：将来如蒙天赐一个儿子，拼死拼活，也要让他读书识字，好替父亲记账、要账。但是从那以后我的曾祖母却一连生了四个女儿，第五胎才来了一个男的，还是难产。这个难得出生的男孩，就是我的祖父谢子修先生，乳名'大德'的"。（冰心著：《我的故乡》，福州：

海峡文艺出版社 1994 年版）

谢子修，即谢銮恩，清道光十四年（1834）出生。谢氏夫妇自得了这个男孩之后，更加克勤克俭，含辛茹苦，供他上学。最终，谢銮恩不负众望，得中生员（即秀才），成为谢家第一个读书人。

关于谢銮恩的功名，此前较为普遍的说法认为他是举人，如《冰心志》《冰心全传》均持此说。"但经查《长乐县志》（1917年修）、《侯官县乡土志》（清光绪年间编纂）、《闽侯县志》（1929年始修，1930年完稿）等均无记载。这几本方志从编纂时间上看都在谢銮恩去世前后，尤其是《闽侯县志》的编纂者陈衍居住于文儒坊，和谢銮恩所居杨桥巷都属于三坊七巷范围，他也和谢銮恩老友严复相交，应该说漏记的可能性很小。所以我们结合冰心谢銮恩'进学'地点是闽侯的表述，谢銮恩应该是'生员'，也就是秀才。"（鲁普文著：《冰心家世小考》，刘东方主编：《冰心论集 2016》，福州：海峡文艺出版社，2017 年 10 月第 1 版，第 124 页）

谢銮恩曾任福建省兴文社社长（崇孔会会长），与林纾、严复、郭柏荫等人经常谈文论友，也算是一方贤儒。严复在 1920 年 4 月 19 日的日记曾记述：

展厅内"我的故乡"单元

"谢子修故，87岁。"（王栻主编：《严复集》第5册，中华书局1986年版，第1537页）从中也可见两人相交至深，同时也为谢銮恩的卒年提供一个较为可靠的佐证——此前一般认为他卒于1921年，当疑为1920年。（鲁普文著：《冰心家世小考》，刘东方主编：《冰心论集2016》，福州：海峡文艺出版社，2017年10月第1版，第125页）

谢銮恩毕生在福州光禄坊道面祠办学，广收闽县、闽清、侯官及邻里学生。他的得意门生有大名鼎鼎的萨镇冰、黄乃裳、李文彬等，著有《处世要诀》《游记诗钞》《栽种抒情》等，可惜今不存焉。

谢銮恩生有四子，长子谢学廉（字葆琨，号耿如）、次子谢学清（字葆珪，号穆如）、三子谢学朗（字葆璋，号镜如）、四子谢学浚（字葆球，号哲如）。

谢葆璋即冰心的父亲，生于同治四年乙丑十二月四日（1865年1月21日），卒于1940年8月4日。冰心曾回忆说："在我父亲十七岁那年，正好祖父的朋友严复（幼陵）老先生，回到福州来招海军学生，他看见了我的父亲，认为这个青年可以'投笔从戎'，就给我父亲出了一道诗题，是'月到中秋分外明'，还有一道八股的破题。父亲都做出来了。在一个穷教书匠的家里，能够有一个孩子去当'兵'领饷，也还是一件好事，于是我的父亲就穿上一件用伯父们的两件长衫和半斤棉花缝成的棉袍，跟着严老先生到天津紫竹林的水师学堂，去当了一名驾驶生。"（冰心著：《我的故乡》，福州：海峡文艺出版社1994年版）

从此，谢葆璋开始了他的海军生涯，亲历中日甲午海战，后任烟台海军军官学校监督、海军练营管带、海军学校校长；民国成立后，又任海军部军学司司长、海军部参事厅参事、海军部次长、海道测量局局长、海岸巡防处处长等职，授中将衔。谢葆璋是一位具有强烈的民族意识和民主思想的爱国将领，于1940年去世。

冰心的母亲杨福慈，生于清同治九年（1870）十月初五（卓如著：《冰心年谱》，福州：海峡文艺出版社1999年版，第3页；但，另据冰心之《南归》一文中记载1930年1月3日为"父母亲结婚四十年的纪念"与母亲19岁嫁与谢葆璋为妻的信息，往前推算，应生于1871年），卒于1930年1月7日，是闽学鼻祖杨时的第廿七代孙女，杨时第四子杨适之后，属连城县芷溪杨济（仕荣）一支。杨家世代簪缨，书香门第。在连城芷溪前六代出了以两江总督杨簧为代表的12名进士，12名举人；从第六代开始又形成以杨树庄为代表的"海军世家"，其中，上将1人、中将3人、少将13人、准将1人，获军衔者计一百多人。（参见《爱心》杂志2014年1月，冬季号，总第49期）

杨福慈的祖父杨际春（又名庆琛），乃清嘉庆年间进士，钦点刑部山东主事，官刑部，光禄寺卿，集政治家、诗人、藏书家于一身，著有《降雪山房诗集》等，与林则徐是密友，互有书信外来。她的父亲杨维屏，举人出身，历任甘肃隆征、中卫县及直隶东鹿县知县。

杨福慈在九岁之前便熟读四书五经，广猎古典名著，能诗能文，有才女之誉。其父与谢銮恩是在举杯对饮谈诗论文之时，就定下杨福慈和谢葆璋的婚约。福慈十四岁时父母双亡，后随叔父杨维宝（颂岩）一家生活，同姐妹们一起读书。十九岁依婚约嫁给谢葆璋为妻。这一段婚姻虽是由双方父母包办的，却也门当户对。小两口婚后恩爱，其乐融融。

在经历了两个儿子夭折的痛苦之后，冰心出生了。

据说，出生于福州府城的冰心一生都未曾涉足祖籍地长乐。

长乐，名取自《诗经》"长安久乐"之义，位于闽江口南岸，是福建省会福州的门户。1994年2月，长乐撤县设市，隶福州市；2017年11月6日，经国务院批准，长乐行政区划再作调整，撤销长乐市，整建制设立福州市长乐区。撤市设区后的长乐区下辖吴航、航城、营前、漳港4个街道,首占、玉田、松下、江田、古槐、文武砂、鹤上、湖南、金峰、文岭、梅花、潭头12个镇,罗联、猴屿2个乡,共226个村、30个社区,辖区面积658平方公里,人口72.5万。

长乐与台湾隔海相望,江海岸线130公里,拥海陆空三轴交通,是国内屈指可数的空海"两港"城市,属国家颁布的开放县(市)区之一。长乐历史悠久,建县于唐武德六年(623),著名的中法马江海战就发生在此。明代航海家郑和七下西洋,庞大的水师曾"累驻于斯,伺风开洋"。

说起长乐,对于冰心而言,最初的记忆来自于祖父谢銮恩的讲述:

我记得在我十一岁那年(一九一一年),从山东烟台回到福州的时候,在祖父的书架上,看到薄薄的一本套红印的家谱。第一位祖先是昌武公,以下是顺云公、以达公,然后就是我的祖父。上面仿佛还讲我们谢家是从江西迁来的,是晋朝谢安的后裔。但是在一个清静的冬夜,祖父和我独对的时候,他忽然摸着我的头说:"你是我们谢家第一个正式上学读书的女孩子,你一定要好好地读呵。"说到这里,他就原原本本地讲起了我们贫寒的家世!原来我的曾祖父以达公,是福建长乐县横岭乡的一个贫农,因为天灾,逃到了福州城里学做裁缝。(冰心著:《我的故乡》,福州:海峡文艺出版社1994年版)

这番讲述,对冰心的影响是根深蒂固的!"我并不是'乌衣门第'出身,而是一个不识字、受欺凌的农民裁缝的后代。"当她把这段历史告诉她的堂兄时,堂兄却不高兴,并且吩咐她不要告诉别人。这让冰心感到极大的不满——这是"忘本"和"轻农"啊。从此以后,她就不再遵守谢家写籍贯的习惯,在任何表格上的籍贯,不再是祖父"进学"地点的"福建闽侯",而是祖籍地"福建长乐"!谢家

冰心证件上的籍贯"福建长乐"

苦难史和奋斗史,使冰心在幼小时就对故乡有着特殊的情感。到了20世纪90年代,福州谢氏要成立"谢氏源流研究会",冰心还告诫来访的堂弟谢为鉴:"不要高攀什么'名人'!"(冰心1991年4月27日致谢为鉴信,卓如编:《冰心全集》,福州:海峡文艺出版社1994年版,第8册第452页。)

之后的印象,来自于冰心的父亲。1911年冬天,谢葆璋从烟台返回福州。"横岭乡有几位父老,来邀我的父亲回去一趟。他们说

我的故乡 ——合并校

我生于1900年十月5日(光西庚子年闰八月十二日)，七个月后我就离开了故乡——福建福州。但福州在我的心里，永远是我的故乡，因为它是我的父母之乡。我从父母亲口里听到的极其琐碎而又极其牵动人的故事，都是以福州为背景。

我母亲说：我出生在福州城内的隆普营。这所祖父租来的房子里，住着我们的大家庭。院里有一个池子，那时福州常发大水，水大的时候，池子里的金鱼都游到我们的屋里来。

我的祖父谢子修(銮恩)老先生，是个教书匠，在城内的道南祠授徒为业。他是我们谢家第一个读书识字的人。我记得在我十一岁那年，从烟台回到福州的时候，在祖父的书桌上，看到薄薄的一本金红印的家谱。第一位祖先是昌武公，以下是顺孚公、必达公，再下去就是我的祖父銮恩公。上面仿佛还说，我们谢家是从江西迁来的，世是晋朝谢安的后裔。但是在一个清静的冬夜，横岭乡小,总是受人欺侮,如今族里出了一个军官,应该带几个兵勇回去夸耀夸耀。父亲恭敬地说,他可以回去祭祖,但是他没有兵,也不可能带兵去。"后来,谢葆璋只跟父老们到横岭乡去祭了祖。1920年,冰心在北京《晨报》写过一篇叫做《还乡》的短篇小说,就是根据这段经历来讲述的。(冰心著:《我的故乡》,福州:海峡文艺出版社1994年版)

无论是从祖父的谈话中,还是从父亲的描述里,冰心所得知的长乐和长乐的乡亲都是"极其穷苦"的。

1986年,长乐横岭村准备修订谢氏族谱。6月4日,谢氏宗亲专程派人去北京请冰心先生作序。自有文字记载以来,凡族谱家谱只列男性,女性仅以符号化的性质记在夫家族谱家谱中。但此次横岭村的谢氏宗亲推翻旧例,不但率先将冰心这一名女性列入本姓族谱,还破例请她作序。冰心自言"光荣而又惭愧",她说:"我自幼离乡,对于乡土乡人极少接触。但我认为族谱是承上启下的家族历史。对家史的注重和关怀,是爱祖国爱人民的起点!我祝愿谢氏男女子孙,继承我们农民祖先勤劳勇敢的劳作精神,加以发扬光大……为我族的繁荣昌盛,为祖国的飞跃振兴,而尽上自己的最大的力量!"(冰心著:《族谱序言》,卓如编:《冰心全集》,海峡文艺出版社2012年版,第六册第470页)

到了1990年的8月22日,当时的长乐县重修《长乐县志》,请冰心先生为之作序,她更是欣然提笔写道:

福建长乐县是我的父母之乡。我的曾祖父谢以达公就是从长乐县迁到福州去的。我虽然没有回去过,但我知道长乐地处东海之滨,和台湾隔海相望,和海外各地来往频繁,因而在文化、科技、经济

《我的故乡》手稿

各方面，历来都在突飞猛进。在我们过去的县志上，已经载下了许多我们的先人做出的、振奋鼓舞人心的事迹。我深信我的乡亲子弟们在我们国家的三个面向、四个现代化的号召下，会万众一心，凭借着我们长乐拥有的天时、地利、努力做出比先人更大的成绩和贡献，使得我们未来的县志上可以有更光彩、更振奋鼓舞人心的记述！（冰心著：《〈长乐县志〉序》，卓如编：《冰心全集》，福州：海峡文艺出版社2012年版，第七册第290页）

1994年，长乐县经过长期努力，成功获准撤县设市，冰心同样十分欣喜，她在题词中写道：

冰心向横岭小学捐款仪式现场

我们的长乐改县为市，是一桩大喜事！这是乡亲们在精神和物质建设上极大努力的结果。我远居北京，未尽半分力量，真实惭愧！愿从此追随乡亲之后，努力做一个称职的长乐人。（陈国勇主编：《冰心与长乐》，福州：海峡文艺出版社2004年版，第36页）

冰心称自己是长乐人！

长乐的进步，她为之欣喜；长乐的困难，她也为之牵挂。

1990年秋天，长乐遭受特大洪水袭击，冰心得知消息之后，立刻将自己的1400元稿费寄到了长乐灾区。（舒乙著：《冰心的生日》，《民主》1991年第2期，第43页）次年，冰心让女儿吴青回家乡探望，还捎来了3000元的慰问金。（陈国勇主编：《冰心与长乐》，福州：海峡文艺出版社2004年版，第37页）1992年7月25日，当冰心听说家乡又遭受台风水灾，即通过福建省政府驻京办事处，向灾区捐款2500元。

冰心热爱长乐，更关心长乐的教育事业。1990年8月，冰心为长乐一中百年校庆题词："愿我故乡子弟为国家做出巨大的贡献！"1991年，为长乐侨中的同学题词："愿长乐侨中的同学们，专心地学习，痛快地游玩。"1992年11月，长乐县领导拜访冰心，在谈话中，"用于教育的话题占用了三分之二时间。冰心详细询问了长乐及横岭的教育情况，特别关心农村小孩是否能全部上学。她向我们讲述了她家那段文盲之苦，并语重心长地叮嘱我们要重视教育，关心教师。她说：'没有教育，什么建国大计，都是空话'，'有了好教师，才有好人才'。她还执意拿出刚寄来的2000元稿费要我们带回去，奖给家乡的优秀教师"。（陈国勇主编：《冰心与长乐》，福州：海峡文艺出版社2004年版，第37-38页）

1992年12月，冰心研究会成立，冰心的女儿吴青来到长乐，看到长乐横岭小学的校舍破旧，返京之后，跟冰心说起。冰心听后，

冰心研究会敢之长 王炳根先生：

福建福州驻京办事处 张庆建先生：

我女儿吴青前一次去年春到福建看到我的故乡横岭小学，校舍破损，课室内墙壁桌椅等都破旧不堪，我听了心里十分难过！虽时捐赠所得两万元人民币，请您们带回去横岭小学作修理校舍，添置课室侗设备之用。钱数较少，但愿能起到抛砖引玉之广，全仗两位大力了！

匆之不尽

冰心　拜上　八十五岁

冰心致信向横岭小学捐款

难过地流下了眼泪，决定将她的稿费2万元捐出来。

1993年8月，冰心致信冰心研究会秘书长王炳根和福州市政府驻北京办事处主任张庆建带回稿费2万元与她主编的"小博士丛书"一套，捐赠给横岭小学。她在信上说："我女儿吴青一家，去年到福建，看到我的故乡横岭小学，校舍破损，课室内黑板桌椅等，都破旧不堪，我听了心里十分难过。兹将稿费所得2万元人民币请你们带回去，为横岭小学作修理校舍，添置课室设备之用。钱数很少，但愿能用到急需之处。"

冰心关心长乐教育的精神和行动，深深地感动了大家。长乐县委、县政府在长乐侨联酒店隆重举行了受款仪式，并在此后决定投资70多万新建横岭小学。1997年8月，横岭小学竣工，冰心亲自为其题写校名，并委派女儿吴青和女婿陈恕前往剪彩，表达她对祖籍长乐的深厚感情！

在冰心记忆中，她从没有回到过长乐，更没有去过横岭，但2015年4月12日，冰心的小女儿吴青教授、女婿陈恕教授和外孙陈钢重返横岭村，却偶遇了83岁的谢长宝老人——他是冰心先生的表侄。当聊到冰心很遗憾未能回到长乐之时，谢长宝却说："冰心回来过啊，只是她那时还小，应该不记得了。"

当时在场的除了横岭的几位谢氏宗亲、吴青三人，还有福州大学施晓宇教授，以及包括笔者在内的冰心文学馆几名随行人员。听到谢长宝很肯定的说法，大家都很好奇，这是怎么一回事？

据谢长宝说，他亲耳听过其父亲和村里长辈说，1903年清明节，谢銮恩带着儿子谢葆璋、孙女谢婉莹（冰心）回横岭村扫过墓。那时，因为冰心还不满3岁，走不了远路，乡亲们——包括谢长宝的父亲都亲眼看见，谢銮恩一路背着小孙女，走在横岭村崎岖不平的小路上山下山。那次回乡扫墓祭完祖之后，谢葆璋就去烟台赴任。谢长宝还强调："1911年清明节，谢銮恩也回乡扫墓过。"那时，村里人只知道这个女孩是谢葆璋的女儿,许多年后才想起来那年回来的小女孩就是后来的大作家冰心。(施晓宇著:《冰心故乡考》,刘东方主编,《冰心论集2016》,福州:海峡文艺出版社2017年版)

这无疑是一段有趣的经历。笔者作为这一过程的亲历者,做了现场的口述录音。谢长宝老人言之凿凿,不似作伪或者牵强附会。只不过仅有口述,很难立刻能下结论。但同样不可否认的是,这将是冰心与长乐、与横岭之间一抹难以忽视的亮色吧!

也许,冰心真的到过长乐呢?

但是,冰心的文学品格和爱心精神真的在长乐,在冰心文学馆!

心悦意诚

宾客盈门

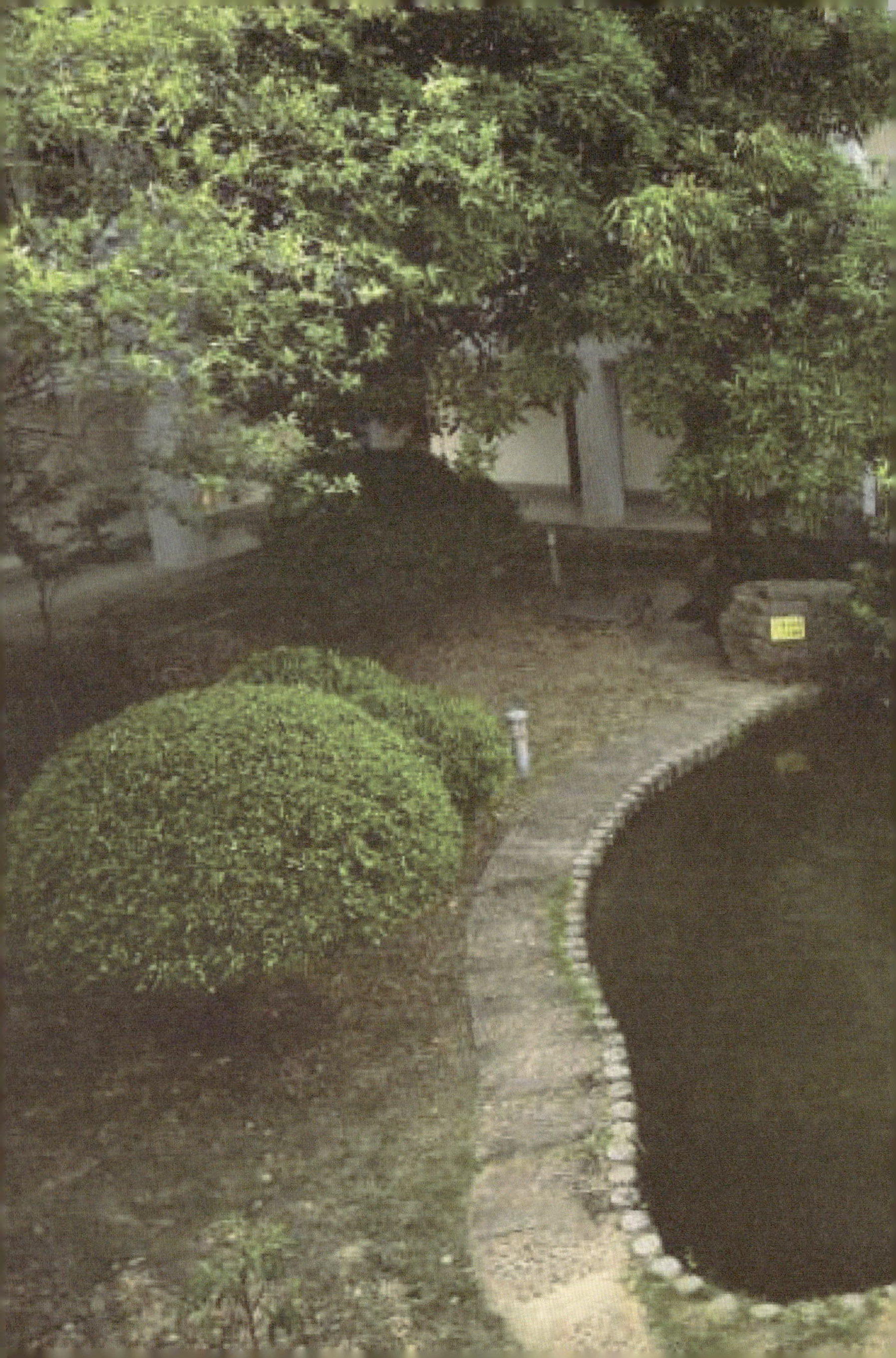

冰心文学馆内庭院

"福建省长乐市爱心路193号"——这是冰心文学馆之前的地址。

"福建省福州市长乐区朝阳中路259号"——这是冰心文学馆现在的地址。

冰心文学馆航拍图

这难道是冰心文学馆换地址了吗？自然不是。因为爱心路193号，是如今的"冰心公园"的地址。冰心公园原名"爱心公园"，占地约4.3公顷（约64亩）。此地原是明代郑和下西洋时"航城"的太平港，航海的船只便是停泊于此。后淤积成了一片肥沃的田野，曾作为大同开发区，向外招商引资。1996年，当时的长乐市委市政府为了支持冰心文学馆的建设，塑造长乐的冰心文化名片，将这片地改建为"爱心公园"，并将其中10亩无偿划拨作为冰心文学馆的主体建筑。2007年，正式更名为"冰心公园"。

冰心公园闹中取静，与长乐博物馆隔街相望，公园的入口是一尊冰心的铜像，瞩目凝眸，饱含深情地望着故乡的土地和亲爱的乡亲。沿着入口处一道道砂石铺就的甬道，缓步前行，倒是颇有曲径通幽的意境。甬道的两旁间或灯柱，间或石椅石桌，间或印着由名家书写的冰心名言石碑，可供人悠闲漫步，可供人促膝谈心，可供人驻足石碑之前，品味文学的魅力，领略书法的乐趣；更可让人在纷繁复杂的尘世间，独留片刻宁静，享受自然与人文交融的画面。

一条欢快活泼的水流在冰心公园内如银带般披肩而过,甬道的尽头有石砌仿古拱桥跨水而过,站在拱桥上,扶着石栏杆,可想象登高临流。回望一路走来的甬道,满园春色尽收眼底,令人怡然而乐。公园的中间则是一座白色的雕塑,梳着发髻的冰心先生和一群挂着红领巾的少年男女在促膝谈心,周围绿草如茵,一年四季皆如春意盎然,雕塑的基座有冰心手迹:永远的爱心。"爱"是这里永恒的主题。

2017年6月开始,长乐市政府又斥资1000多万,提升改造冰心公园。将园内的河道清淤,完善冰心公园北入口广场,重新铺设石砖,增修步行栈道,建造以冰心作品为主题的醒春台、玉壶亭、橘灯小筑等景点,增种晚樱、桃花林和垂柳等不同季节的树种,并在园区的一角布置了文化广场,开设"社科讲座课堂"……冰心公园已然成为长乐区人民一个独具文化特色的休闲娱乐场所。

沿着冰心公园外围的一条城区主干道,就叫"爱心路"。冰心文学馆就在爱心路与朝阳中路交界的十字路口。来到长乐,举目可见"冰心文学馆"的指示牌,不同方向途径"冰心文学馆站"的公交车计有:611路、615路、616路、617路、619路、620路、623路、629路等。它已然是长乐的地标,成为长乐的一张文化名片!

1919年的8月25日,在《晨报》上,署名"女学生谢婉莹"的一篇文章《二十一日听审的感想》发表了;1997年的8月25日,在福建长乐的大地上,一座以"冰心"命名的文学馆落成开馆了。这座占地12亩、建筑面积4500平方米、展厅面积近600平方米,由中国科学院院士、著名建筑学家齐康教授亲自设计的长乐"新地标",落地甫成,就被评为福州市十大优秀建筑和福建省二十大优秀建筑景观的第一名。

冰心文学馆的整体造型独特,以蓝、白为主要基调,瓦蓝色的屋顶,白色的墙壁,间或点缀木色隔段和灰色石壁,天然的木与石

冰心文学馆西大门

相结合，朴素而不失大方，丰富而不落俗套，给人十分清新、典雅、悦目的感觉。

这座文学的殿堂，有树有花有草还有水，一年四季草色萌新，风中雨里阳光下春意盎然，真是清俊秀逸，美不胜收。放眼望去，在繁华的闹市中，你能收获的是建筑的风格，时代的气息，闽中的特色，爱心的精神！

冰心文学馆主馆区的大门口挂有两块牌子，分别是"冰心文学馆"和"冰心研究会"，均为著名书法家赵朴初所书。

馆区内一层为"大堂"，油光可鉴的花岗石铺地，雪白爽目的涂壁，设有可供召开中小型会议的会议厅，可供举办中小型展览、举行小

冰心文学馆全貌（摄于 1997 年）

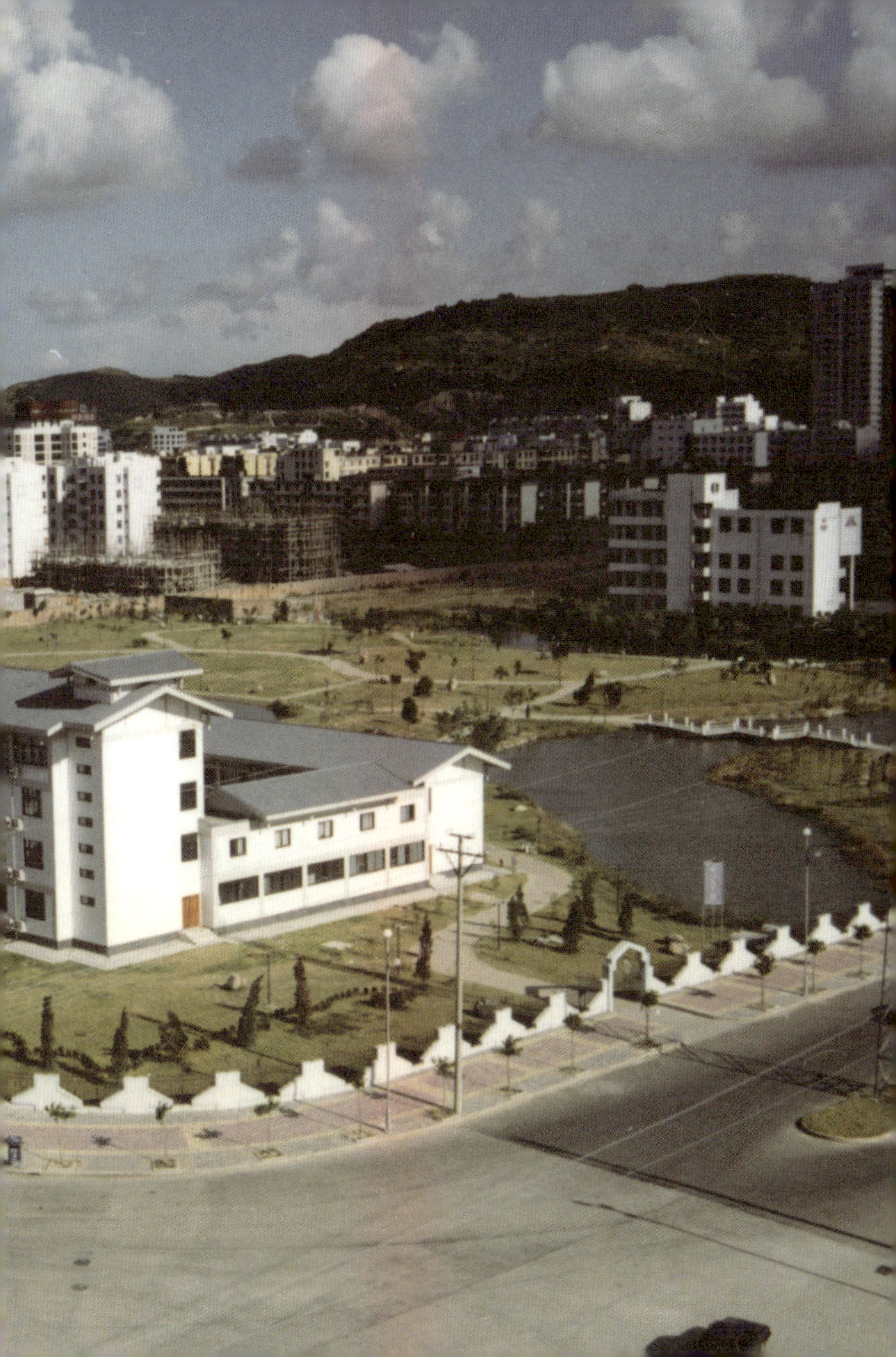

型表演和比赛、开展各类社教活动的多功能厅，以及可供来宾与观众休息的贵宾厅和茶座，装潢讲究，设施完备，笑迎远道而来的贵宾和专家、学者们。

馆区二层为"展厅"，常年陈列"冰心生平与创作展览"，展出大量珍贵的照片和实物，用于展示冰心的生平事迹和文学成就，使每一个到访的参观者，面对这丰富的展品，都能亲身感受到冰心先生多姿多彩的一生、厚重的文学积淀和博大的爱心精神。

与"展厅"同样重要的是珍藏室，借用冰心先生祖父的"紫藤书屋"为名，利用现代化的技术手段，依照博物馆的收藏规范，将冰心的众多手稿、版本、书籍及其他的实物保护留存，便于学习和研究冰心及其作品，同时用心地收藏好"冰心"这一宝贵的精神财富。

馆区的三、四两层为"接待中心"，配备标准间和床位，设施齐全，可接待国内外研究学者，并举办中小型会议。此外，冰心文学馆的办公区域中有一处小小的庭院，一个心形的水池如碧玉般镶嵌其中，周围种花植树，假山垒趣，绿草成茵，石桌石凳，闹中取静，提供了一个良好的文学创作和学术研究的环境。

冰心文学馆隶属福建省文学艺术界联合会，目前下设办公室、展览宣传教育部、藏品征集保管部、学术研究部，为福建省财政全额拨款（公益一类）的正处级事业单位。开馆以来，冰心文学馆已成为宣传和研究冰心的中心，福建省文学创作中心和对外文学交流中心，曾连续荣获"省直机关文明单位"称号，被省直工会工委、共青团省直工委、省直妇女工委授予"为建设海峡西岸建功立业"先进集体；冰心文学馆党支部被省委授予"全省先进基层党组织"，被省直机关党工委授予"先进基层党组织"；冰心文学馆研究展览部荣获"全国巾帼文明岗""省级三八红旗集体""女职工标兵岗"等称号。在2009年，冰心文学馆荣膺"全国爱国主义教育示范基地"称号，并被评为全国AAA级旅游风景区。

一楼大堂

犹记得，建馆伊始，冰心发来贺词："欣闻'冰心文学馆'在我的家乡长乐落成，我谨表示衷心的祝贺和感谢。'文学馆'从1995年10月奠基到落成还不到两年，速度之快真出乎我的意料，我不仅盼到了香港的回归，而且看到了文学馆的落成，真叫我高兴！"

建馆二十余年来，冰心文学馆从一个地图坐标到场馆平地而起，从以图片展览为主到2004年冰心家人捐赠大量冰心遗物得以扩容，从组织游客参观到观者慕名而来，从购票进馆到全省范围内率先免费开放，从常年开放的"冰心生平与创作展览"到"走进冰心爱的世界"校园流动展览，共接待和服务海内外观众百万余名，其中青少年学生占五分之三。

2009年5月21日，中央电视台《新闻联播》中播出："中宣部今天公布第四批全国爱国主义教育示范基地，其中包括了大庆油田历史陈列馆、中共'二大'会址纪念馆、中国人民解放军海军诞生地纪念馆、南京云锦博物馆、冰心文学馆、湖南雷锋纪念馆、'512'汶川地震遗址、遗迹及地震博物馆、四渡赤水纪念馆等87个爱国主义教育基地。"冰心文学馆作为文学类博物馆、纪念馆的代表，作为新闻标题播出，列全国第五位，福建省第一位。

与此同时，冰心文学馆流动展览，也承载着冰心的大爱精神，踏寻冰心"爱"的足迹，已先后到达北京、上海、福州、厦门、南平、晋江、石狮、泉州、成都、昆明、呈贡等地，乃至走出国门，在新加坡等国家和地区成功展出，参观人数逾十万人，其中百分八十是中小学生，社会各界反响热烈。尤其在2008年，为使冰心的爱心精神广为流传，让中日友谊之花在两国青少年中常开，冰心文学馆在

紫藤书屋

日本设立了"冰心青少年文学奖",迄今已连续颁奖十四届,成为中日民间常年交流的友好项目。

除了展览与展示,二十年余来,冰心文学馆还先后在福建长乐、山东烟台、四川重庆、云南昆明、福建福州等地召开了六届的冰心文学国际学术研讨会,有近500位来自全国各地以及美国、日本、捷克、新加坡、韩国、泰国等国家和台湾地区的冰心研究专家参加了研讨会,共计提交论文近400篇,会议成果均已结集出版。此外,还编辑出版了以冰心研究为主要内容的《爱心》杂志近80期,反映冰心的图书、画册和影视作品20多部,其中八集电视传记片《冰心》,荣获中宣部"五个一"工程奖。

从"冰心"二字入手,以博物馆为载体,冰心文学馆加入了世界博物馆协会和中国博物馆协会大家庭,并成为文学专业委员会的副主任委员单位,多次组团赴北京、上海、浙江、四川、湖南、陕

接待中心

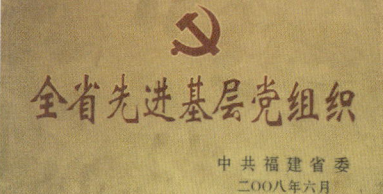

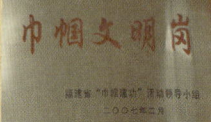

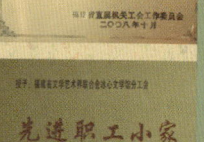

冰心文学馆部分荣誉

西等地与兄弟单位交流学习，建立友谊，联系感情，展示形象，甚至前往俄罗斯、意大利等国家，开阔视野，提升能力。而正是基于构建交流平台，保护文化资源的考虑，2010年开始建立"海峡作家文库"，使冰心文学馆容量更大，由单个作家的博物馆，扩展为众多作家的博物馆，既是冰心的文学馆，也是以冰心命名的文学馆，向着真正综合性的作家博物馆大步向前！

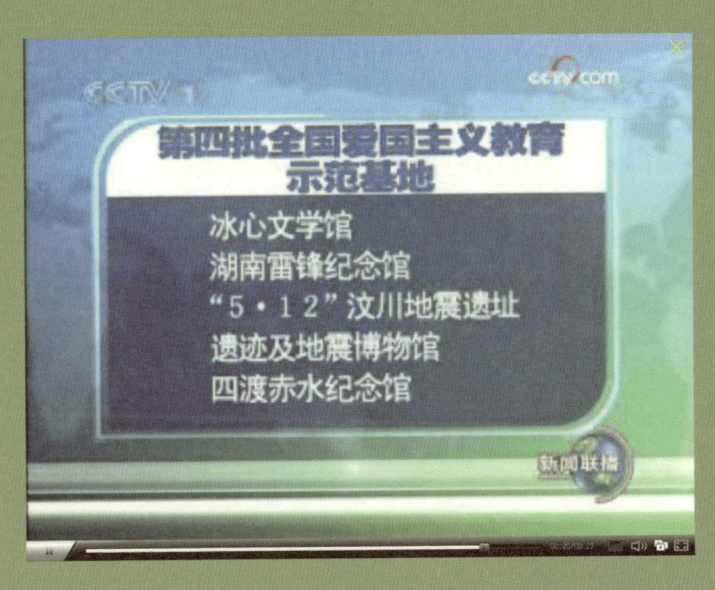

冰心文学馆获批全国爱国主义教育示范基地

觅知音　文采风流

（一）故乡情深

1. 隆普营的残墙

1900年10月5日，随着阵阵清脆的啼哭声，冰心诞生在福建福州城隆普营（今福州市鼓楼区乌山脚下乌塔之侧）内的一座院子里。这是祖父租来的院子，住着谢家一大家子人。院子中还有两缸莲花，一缸是红的，一缸是白的，是冰心父亲谢葆璋的朋友送来的。

冰心出生那年，夏日的院子莲花盛开。冰心13岁时候的一个月夜里，祖父和她在园里乘凉，祖父还与她回忆说："我们园里最初开三蒂莲的时候，正好我们大家庭中添了你们三个姊妹。大家都欢喜，说是应了花瑞。"（冰心：《往事（一）》，第七章）

冰心出生后的第三天，谢銮恩便按着习俗，拿着她的生辰八字去找一位算命先生。算命先生掐指一算，却不禁叹息道："这个女娃八字带着文昌星，可惜是个女孩子，否则准做翰林。"又说，这

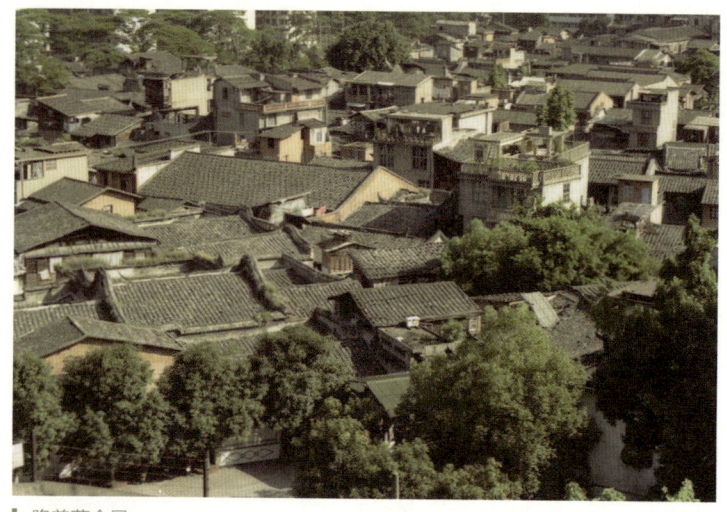

隆普营全景

最后一堵残墙

女娃五行缺火，后来取名的时候，同行的谢葆璃按谢家女孩子的排行为"婉"，加一"莹"字（"莹"旧作"瑩"），是为谢婉莹。

满月的时候，母亲杨福慈给她换上舅母送来的水红绸子的衣服，戴上青缎镶边的大红帽子，将她抱到厅堂里。冰心圆润的脸庞，扑闪的大眼睛，惹得一家子人把她们团团围住，一时间的欢声笑语映红了半壁厅堂。

然而七个月后，因父亲外出任职，冰心便随父母先后前往上海和烟台居住，直至1911年重返榕城。只是，这时候的返乡，已不是住在出生的那座院子了，而是住进祖父买下的位于南后街杨桥巷口万升桶石店后的另一座院子里。

冰心出生时的这座院子，在此后相当长的一段时间内，是鲜为人所知的，直到1992年冰心研究会在福州成立，多方探访之下，才被重新发掘出来。可惜的是，它早已不复当年的风貌。房子坍塌，院子拆毁，盖着临时搭建的工棚，工棚里是一家沙发厂的仓库；曾经偌大的院子，如今只余一堵残墙，在风雨中飘摇。那是一堵用三合土筑起的厚墙，贝壳与沙石，裸露在墙面之下，墙体斑驳，石灰零落，连同岁月的风霜一起，在时间里一块一块地脱落。

据说，这堵墙是当年谢家大院后花园的风火墙，有着非常鲜明的福州建筑特色。现在，这堵墙也早已淹没于凡尘俗世，只留下图张片影。

2. "我的故乡"

冰心的祖籍在长乐，但是她的出生地在福州。故乡对于她而言，既有长乐山山水水中淳朴的乡土气息，又有福州三坊七巷里浓郁的人文景象……

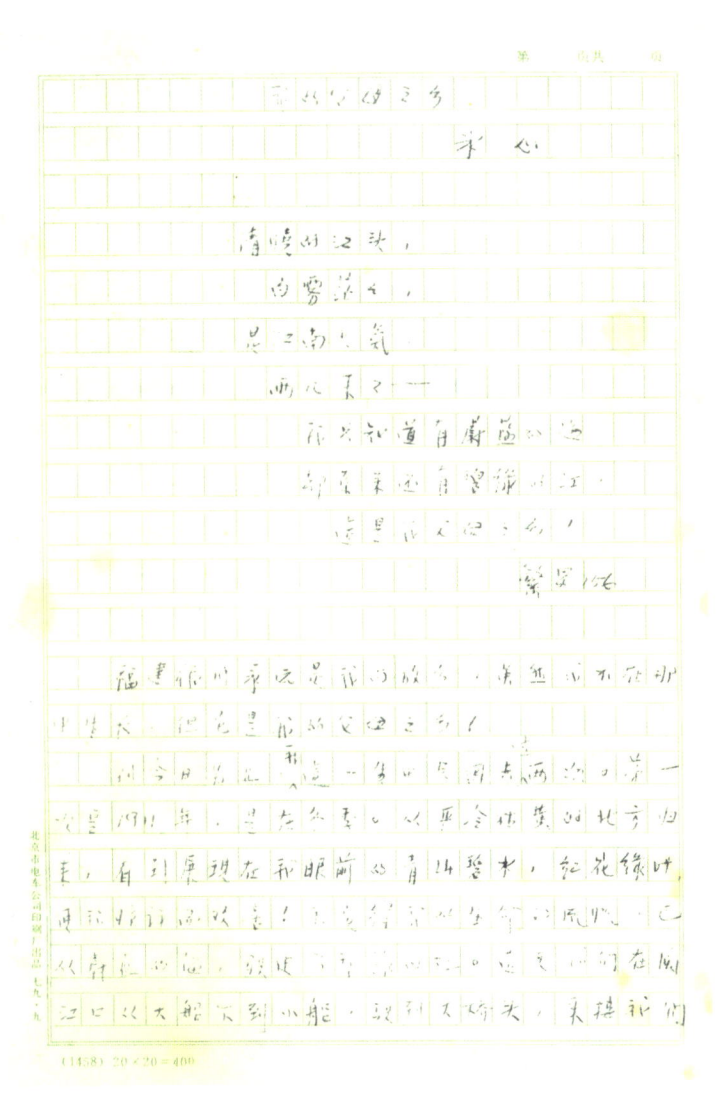

《我的父母之乡》手稿

1911年返乡定居之后,过去在山东烟台海边独来独往的小姑娘冰心,现在感到一切都是那么新奇。尤其是回到福州的那天,他们在闽江口从大船下到小船,又驶到大桥头。刚下了地,前来迎接的伯父堂兄们便把他们围了起来,用福州话和父母亲热烈地交谈。冰心五岁的大弟弟悄悄地姐姐:"他们怎么都会说福州话啊?"——因为从小在他们姐弟心里,福州话是最难懂难说的!

谢家一大家子都居住在一座大院子里,这里不但有伯伯、叔叔、伯母、叔婶好几家长辈,还有一班弟兄姐妹。尤其三个年纪相仿的堂姐婉珠、婉榕、婉聪,对她特别亲昵友好,天天围着她转,告诉她很多新鲜事。但是她们都遵守着旧时候女孩子的规矩,比如缠脚、扎耳朵眼等等。

她的母亲杨福慈也附和妯娌的意见,要给当时名为"婉莹"的冰心扎耳朵眼、戴耳环了。但在父亲的袒护下,婉莹终于没有扎耳朵眼。从小男装,这回恢复了女儿的装束,她再不是烟台海边的"野孩子",而要做一个"书香门第"的大家闺秀了。

冰心刚回福州不久,就是旧历新年。从腊月廿三起,大家忙着扫房擦洗门窗和铜锡器具。年关越来越近,大人们越来越忙,蒸年糕、杀鸡鸭、购年货,忙着准备各种食物,准备着全家的新衣等等。这些对小婉莹来说,都觉得十分的新鲜。

过年之后,福州的元宵节又是一个格外喜庆的节日。谢家居住在南后街,是榕城灯市最集中的地方。满街的花灯,有龙凤灯、鸟兽灯……各种各样的花灯中最好看算是画着戏文故事的走马灯:八仙过海、王母蟠桃、红楼西厢、三国人物、西游记、水浒传等应有尽有。在大户人家的门前还有鳌山、彩棚等明亮绚丽的灯景。榕城的元宵之夜,给婉莹留下了毕生难忘的印象。

1982年冰心在《我的父母之乡》中深情地回忆起:"这是以后的一年多的时间里,我们就过起了福州城市的生活。新年、元宵、端午、中秋……岁时节日，吃的玩的都十分丰富而有趣。特别是灯节，那时我们家就在南后街，那里是灯市的街，元宵前后，'花市灯如昼'，灯彩下人流潮涌，那光明绚丽的情景就说不尽了。"

有一天，婉莹在祖父的书架上找书看，发现了一本套红的家谱。从中婉莹知道了谢家是从南京乌衣巷迁来的。还知道了曾祖父以达公从长乐迁居福州的这段历史。当她把这段历史讲给了堂兄听，不料堂兄不仅十分茫然，不愿正视这段家族的痛史，还告诫她不能往外说出去。婉莹却觉得水有源，树有根，忘了自己的根本那是万万不行的！

谢葆璋回到福州的消息，不久传到家乡——长乐横岭。有一天，祖父很高兴，热情地接待了几个来自家乡的客人，并吩咐婉莹："莹官，去叫你爹出来！"

一会儿，她就跟着父亲后面来到厅堂。父亲拜见父老后，横岭来的乡亲对祖父和父亲说："我们横岭乡小，现在只有三十四户。人少势微，附近大多是大乡大姓，总是欺负我们，田地被外乡占去不少，稻刚熟，就被人家抢割去，到官府打过几回官司，可从来没赢过。田地、粮草没要回来，还赔了打官司的钱。如今族里出了个大军官，应该带几个兵勇回去，让他们看看。"说完，都把恳切的目光聚焦到谢葆璋的身上。

谢葆璋面有难色，祖父说："横岭你还没回去过，应该回去拜拜祖先，瞻仰我们谢家的宗祠，顺便也要到岭上看看曾祖父的坟茔。"

谢葆璋向父老们表示："我回乡祭祖，这是我的本分。但是我此番辞职回家，算不上荣归故里。你们要我带兵回去，这可做不到，我手上没有兵，也不能带兵回去。"

父老们也很通情达理，尽管有些失望，但谢葆璋既然答应回去，对他们也是一种鼓舞。按他们的想法，谢葆璋是个比县太爷还要大的官，能回去，足以光宗耀祖，可以提升乡风，让那些大姓外乡不敢欺侮。于是就定好了去横岭的日子。

父亲从横岭回来后,对祖父叙述了回乡的情景,婉莹也在旁边静听:"我回去那天,离横岭还有好几里路,就碰见出来迎接的族人,他们一路上敲锣打鼓放鞭炮,十分隆重。第二天到祠堂祭祖。族长还给我一包见面礼,用红纸包着的一百个银角子。我看见乡亲是那样穷,就退还给他们。族人还特地请了戏班子来唱戏,连唱三天三夜,乡亲们太热情了。鹏谢村也来人,也要我去玩两天,我只好推辞了。我看到他们生活很苦,连妇女儿童也一年到头在田园里忙碌着……"

后来,冰心在《我的故乡》中回忆:"我这一辈子,到今日为止,在福州不过前后呆了两年多,更不用说长乐县的横岭乡了。但是我记得在一九一一年到一九一二年之间我们在福州的时候,横岭乡有几位父老,来邀我的父亲回去一趟。……我还记得父老们送给父亲一个红纸包的见面礼,那是一百个银角子,合起来值十个银元。父亲把这一个红纸包退回了,只跟父老们到横岭乡去祭祖。一九二〇年前后,我在北京《晨报》写过一篇叫做《还乡》的短篇小说,讲的就是这个故事。"

冰心对故乡的印象,完全来自她的祖父和父亲。她认同自己的根在她祖辈遭受苦难的长乐。也因此,冰心一直称自己是长乐人,她在所有需要填写籍贯地材料中,写的不再是祖父"进学"地点的"福建闽侯",而是祖籍地"福建长乐"。

3. 为族谱写序

冰心曾说:"假如我的祖父是一棵大树,他的第二代就是树枝,我们就是枝上的密叶;叶落归根,而我们的根,是深深地扎在福建横岭乡的田地里的。我并不是'乌衣门第'出身,而是个不识字,受欺凌的农民裁缝的后代。"

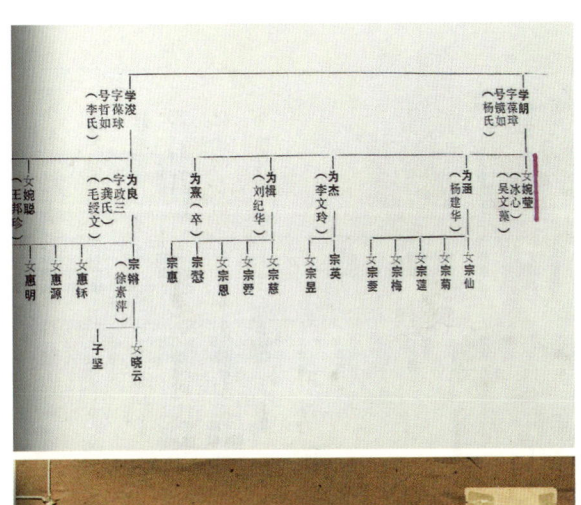

《谢氏村志家史》

一九八二年六月四日，有福建省长乐县横岭乡的三位乡亲谢振瑞、谢赞仙、谢捷光带着许多故乡的史迹相片来祢家，尊程来京要我为他们将修订的族谱作序。这使我感到光荣又惭愧，我自幼离乡外出多年极少注意和关怀身世家祖国壹人此的起先我历史对家史的注意和关怀是豪祖国壹人此的起先我土多人极少注意家族谱是承上启下的重要一环。

祝愿谢氏男女子孙继承我们农民祖先勤劳勇敢的步作新评批发扬光大精研各种科学技术由向现代化由向志界面向未来各我我如紫荣岛国为祖国的飞跃振兴奉献上自己最大的力量。

谢冰心 一九八二年六月七日

著名女作家——谢冰心

《谢氏村志家史》中冰心书写的序

这个当时在家族中名不见经传的小女子，在晚年却深受爱戴，亲自为谢氏家族的族谱写序——作为一名女性，不仅入了族谱，还为族谱写序，这在以前是多么的不可想象啊！

1986年初夏，长乐的横岭村打算修订族谱。村里的几位乡亲，专程来到北京，找到冰心，想请冰心写序。冰心笑着说："过去女人是不能入族谱的，现在你们专门来请我写序，是不是有违族规？"乡亲们听后，都笑了，赶紧回答老太太，说您这是海内外知名的大作家，是我们谢氏家族的骄傲，现在男女平等了，您这么德高望重，请您作序，是最合适的。冰心当即答应了乡亲们的请求，三天之后，冰心用毛笔端端正正地为族谱作序：

一九八六年六月四日，有福建省长乐县横岭乡的三位乡亲，谢振瑜，谢尊仙，谢捷先，带着许多故乡的史迹和记录，专程来京，要我为即将修订的族谱作序。这使我感到光荣而又惭愧！我自幼离乡，对于乡土乡人极少接触。但我认为族谱是承上启下的家族历史。对家史的注重和关怀，是爱祖国爱人民的起点！我愿谢氏男女子孙，继承我们农民祖先勤劳勇敢的劳作精神，加以发扬光大，精研各种科学技术，面向现代化，面向世界，面向未来，为我族的繁荣昌盛，为祖国的飞跃振兴，而尽上自己最大的力量！

谢冰心

一九八六年六月七日

4. 第一个上学的女孩

1911年，冰心跟随长辈迁居南后街杨桥巷口万升桶石店后的南后街86号（今杨桥东路17号）。它"具有很典型的福州民宅特点，除中轴建筑外,左右两旁还有许多自成院落的房屋,每个院落都有水井;北院之西还横亘着一列坐西朝东的双屋楼房,楼房之西为花园。"这是冰心在《我的故乡》一文中对老屋的印象。这所房子是辛亥革命烈士林觉民的家。林觉民在1911年4月被清廷杀害后,他的家人为逃避株连,搬到别的地方去了,将这所宅院卖给了谢銮恩。

冰心就是在这里开始她正式的上学生涯。1912年,她以第一名的成绩考上了福州女子师范学校预科,由于此前已在烟台上过家塾,平常又喜欢读书,更用诗句做过对子,也尝试写过章回体侠义小说。所以,冰心上学的起点就显得比较高。

冰心的祖父谢銮恩(子修)老先生,是谢家第一个读书识字的人,中了秀才之后,便在福州城内的道南祠以教书授徒为业。在一个清静的冬夜,祖父和冰心独对的时候,忽然摸着她的头说:"你是我们谢家第一个正式上学读书的女孩子,你一定要好好地读呵。"这使冰心感到祖父对自己的慈爱而没有重男轻女的意味,同时也莫名感到责任重大,一定要好上学读书,做一个有出息的人。

福州女子师范学校预科设在三坊七巷中花巷一所很大的院内,与冰心家有一段路程。她在山东烟台读书时,都是在自己的家里,而现在到学校去读书,要经过三坊七巷中的宫巷,穿过南街和南后街,然后从花巷走进学校。冰心第一次经历学校生活,刚开始的几天很不习惯,还偷偷地流过许久的眼泪,但她从来没有对任何人说过,怕大家庭里那些本来就不赞成女孩子上学的长辈们,会出来劝她放弃读书!

学校的环境优美,里头有一汪很大的池塘,一道石桥横贯其上,连接在两处亭馆之间。冰心读书的教室旁边,还有一口小池子,池边种着绿树、芭蕉,既有童趣又有诗意。这所学校是新式学校,正规教育,学课较多,国文、数学、自然知识等都有,还有体育课。当时的校长是黄花岗七十二烈士中之一的方声洞先生的姐姐方君瑛女士，国文老师是林步瀛先生。在她快离开女师的时候，还来了一位教体操的日本女教师，姓石井。冰心对所有的老师都十分尊敬和喜爱，对学习各门功课，都充满了兴趣，所以很快也就适应了学校的生活。国文老师林步瀛对冰心极为欣赏，曾在她的作文上批写"雷霆震睿，冰雪聪明""柳州风骨，长吉清才"来赞赏冰心。

在学校里，冰心认识了很多人，也结交了许多要好的同学，直到晚年，她还能依着老师上班点名的次序，背诵出十几个同学的名字。不过，冰心在这所学校只读了三个学期，中华民国成立后，海军部一纸电报，将父亲召到了北京，他们一家便离了福州。

5.《祖父和灯火管制》

一九一一年秋，我们从山东烟台回到福州老家去。在还乡的路上，母亲和父亲一再地嘱咐我，"回到福州住在大家庭里，不能再像野孩子似的了，一切都要小心。对长辈们不能没大没小的。祖父是一家之主，尤其要尊敬……"

到了福州，在大家庭里住了下来，我觉得我在归途中的担心是多余的。祖父、伯父母、叔父母和堂姐妹兄弟，都没有把我当作野孩子，大家也都很亲昵平等，并没有什么"规矩"。我还觉得我们这个大家庭是几个小家庭的很松散的组合。每个小家庭都是各住各的，各吃各的，各有自己的亲戚和朋友，比如说，我们就各自有自己的"外婆家"！

就在这一年，也许是第二年吧，福州有了电灯公司。我们这所大房子里也安上电灯，这在福州也是一件新鲜事，我们这班孩子跟着安装的工人们满房子跑，非常地兴奋欢喜！我记得这电灯是从房顶上吊下来的，每间屋子都有一盏，厅堂上和客室里的是五十支光，卧房里的光小一些，厨房里的就更小了。我们这所大房子里至少也有五六十盏灯，第一夜亮起来时，真是灯火辉煌，我们孩子们都拍

祖父和灯火管制

冰心

1911年秋，我们从山东烟台回到福州老家来。在路上，母亲和父亲一再地嘱咐我：“回到福州住在家庭里，不能再像野孩子似的了，一切都要小心。对长辈们不能没大没小的。祖父是一家之主，尤其要尊敬……"

到了福州，在大家庭里住了下来，我觉得我在归途中的担心是多余的。祖父、伯父母、叔父母和堂姐妹兄弟，都没有把我当作野孩子。大家都很亲昵平等，并没有什么"规矩"。我也觉得我们这个大家庭是几个小家庭的很松散的组合。每个小家庭都是各住各的、各吃各的，各自有自己的亲戚和朋友。比如说，我们就各自有自己的"外婆家"！

就在这一年，也许是第二年吧，福州有了电灯公司。我们住所大房子里也安上电灯。这在福州也是一件新鲜事，我们这班孩子看着安装的工人们满房子跑，非常地兴奋和欢喜！我记得这电灯是从房顶上吊下来的，每间屋子都有一盏。厅堂上的是五十支光，卧房里的光一些手欢呼!

但是总电门是安在祖父的屋里的。祖父起得很早也睡得很早,每晚九点钟就上床了。他上床之前,就把电闸关上,于是整个大家庭就是黑沉沉的一片!

我们刚回老家,父母亲和他们的兄弟妯娌都有许多别情要叙,我们一班弟兄姐妹,也在一起玩得正起劲,都很少在晚九点以前睡的。为了防备这骤然的黑暗,于是每晚在九点以前,每个小家庭都在一两间屋里,点上一盏捻得很暗的煤油灯。一到九点,电灯一下子都灭了,这几盏煤油灯便都捻亮了,大家相视而笑,又都在灯下谈笑玩耍。

只有在这个时候,我才体会到我们这个大家庭是一个整体,而祖父是一家之主!

一九八二年七月二十二日

(选自《冰心全集》第 7 卷,1994 年版)

6. 烟台是我们的!

1903 年,冰心的父亲谢葆璋受命海军训练营营长,同时负责筹办海军学校。冰心随父迁至山东烟台。在烟台,冰心度过了长达 8 年的童年时光,因此,冰心称烟台为她的"第二故乡"。烟台的海与山,烟台的水兵与灯塔,给冰心"海化"性格和爱国主义思想最初的影响。

这是一个夏天的黄昏,父亲下了班就带冰心到海边散步。走到沙滩边上,父女俩面海而坐,烈日的夕阳在他们身后慢慢落下,天边的红霞绚丽夺目,对面的海平面上好像一抹浓云,其实那是芝罘岛。

《祖父与灯火管制》手稿

岛上的灯塔一闪一闪地眨巴着,发出强光。

父亲一反常态,只是默默地坐着,目视着海面。小冰心挨过去用头顶着他的手臂说:"爹,你说这小岛上的灯塔不是很好么?烟台海边就是美,不是吗?"这些都是父亲平时常说的话,她想以此来引出父亲的谈锋。

不料,父亲却摇头,深吸口气慨叹地说:"中国北方海岸好看的港湾多的是,何止一个烟台?你没有去过就是了。"说话间,他用手拂弄着身旁的沙子,接着说:"比如威海卫、大连湾、青岛,都是很美的……"

冰心有点兴奋起来，说："爹，你哪时也带我去看一看吧。"父亲站起身来，拣起一块卵石，扬起手，然后狠狠地向海浪上扔去，一面说："现在我不愿意去！你知道，那些港口现在都不是我们中国人的，威海卫是英国人的，大连是日本人的，青岛是德国人的，只有烟台是我们的，我们中国人自己的一个不冻港！"

小冰心有些吓到了——她从来没有看见父亲愤激到这个样子。开明而儒雅的父亲对她总是一副温和的样子。然后，此时的谢葆璋似乎把冰心当成一个大人，一个平等谈话的对象，在这海天辽阔四顾无人的地方，倾吐出他心里郁积的话。

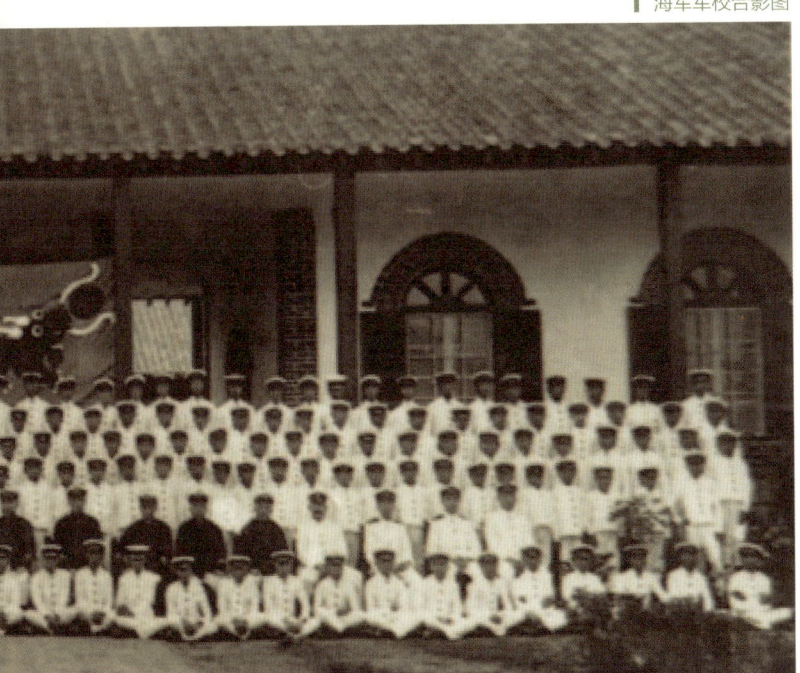

▍海军军校合影图

谢葆璋说："为什么我们把海军学校建设在这海边偏僻的山窝里？我们是被挤到这里来的呵。将来我们要夺回威海、大连、青岛，非有强大的海军不可。现在大家争的是海上霸权呵！"

他又谈到他参加过的中日甲午海战：开战的那一天，他身旁的战友（其实是他的堂侄子）就被敌人的炮弹打穿了腹部，肠子都被打溅在烟囱上！炮火停歇以后，父亲把在烟囱上烤焦的肠子撕下来，放进这位战友的遗体的腔子里。

"这仇不报是不行的！"谢葆璋看着冰心说，"我在巡洋舰上的时候，常常到外国去访问。我觉得到哪里我都抬不起头来！你不到外国，不知道中国的可爱，离中国越远，就对她越亲。……"

这段长长的谈话，令冰心永生难忘。特别是"烟台是我们的"这一句，她记得最牢，印象最深。这"我们"二字，便是包括千千万万个中华之儿女！

7."读书好，多读书，读好书"

熟悉冰心的人都知道，她有两个话题最爱聊。一个是教育，一个是读书。说起读书来，冰心的话就多了。晚年的冰心曾写作《谈读书》一文，不知是笔误还是故意而为之，"谈读书"被改为"忆读书"，发表于《散文世界》1989年第11期。后，又被收入到众多版本的语文课本中。

冰心四岁时，母亲便教她认字，先是商务印书馆出版的国文教科书第一册的"天，地，日，月，山，水，土，木"这些及以后的那几册。七岁时，便是开始自己读"话说天下大势，分久必合，合久必分……"的《三国演义》之类的古典文学名著。

那时冰心的舅父杨子敬在每天晚饭后，就给冰心及几个表兄妹讲一段《三国演义》，什么"宴桃园豪杰三结义,斩黄巾英雄首立功"，甭提有多好听了。但是他讲了大约半个钟头，就停下去干他的公事了。

《谈读书》（现作《忆读书》）手稿

几个小伙伴们只好带着对于故事下文的无限悬念，在冰心母亲的催促下，含泪上床。

于是，小冰心决定自己来读《三国演义》。她仗着认过几个字，便抱起一本《三国演义》来，囫囵吞枣一知半解地读了下去，居然越读越多，越看越懂。虽然因为认字认半边，读音读半边，比如把"凯"念作"岂"，把"诸"念作"者"之类，但也算是知道了大概。

当她读到关羽死了，就忍不住哭了一场，把书丢下了，不读了。第二天忍不住，又拿来继续读，读到诸葛亮也死了，又大哭了一场，再把书丢下，不读了。……如此反反复复，最后都忘了是什么时候才把全书读到分久必合的结局。

因为看了《三国演义》，冰心对章回体小说起了兴趣。她便找来《水浒传》《荡寇志》《精忠说岳》等小说来读。酷爱古典诗词的冰心，在晚年的时候还能将岳飞的《满江红》从头背到底。

除了章回体小说，冰心还发现母亲针线笸箩里常放着的那几本《聊斋志异》，她也拿来读。因为聊斋故事是短篇的，可以随时拿起放下，又是文言的，无形中对冰心之后的作文课很有帮助。她曾仿照《聊斋志异》的体裁，用文言写了一部《梦草斋志异》，可惜因语言的重复，自己半途而废了。

到了冰心十一岁时，她回到故乡福州，从祖父的书桌上看到了林纾林琴南老先生送给祖父的《茶花女遗事》，这使得冰心开始对林译外国小说，起了广泛的兴趣。那时，只要她手里有几角钱，就请人去买林译小说来看，这又使她知道了许多外国的人情世故。不知不觉中，冰心竟已通读了商务印书馆出版的整套林译"说部丛书"，如《孝女耐儿传》《滑稽外史》《块肉余生述》（即《大卫·科波菲尔》）等等，至少也有百余本之多。

作为中国文学明珠的《红楼梦》，则是冰心在十二三岁时候开始看的。起初对它的兴趣并不大，贾宝玉的女声女气，林黛玉的哭哭啼啼都使少不更事的冰心厌烦；还是到了中年以后，再拿起这部书看时，才尝到"满纸荒唐言，一把辛酸泪"，一个朝代和家庭的兴亡盛衰的滋味。

晚年的冰心，因腿脚不便，经常闭门不出，"读万卷书"成了她唯一的消遣。她每天都会得到许多书刊，从中知道了许多事情，也认识了许多人物。同时，书看多了，也会挑选和比较。比如说看了精彩的《西游记》就会丢下烦琐的《封神传》，看了人物栩栩如生的《水浒传》就不会看索然乏味的《荡寇志》，等等。物怕比，人怕比，书也怕比，"不比不知道，一比吓一跳"。

总之，冰心一生都在不断地读书，不断地学习，她永远感到读书是生命中最大的快乐！从读书中，还得到了做人处世的"独立思考"的大道理，这都是从"修身"课本中所得不到的。

因此，有一年的六一国际儿童节，有个儿童刊物要她给儿童写几句指导读书的话，她只写了九个字，就是："读书好，多读书，读好书。"

（二）"五四"冰心

1. 亲历"五四"运动

1919年5月4日下午，北京高校3000多名学生代表冲破军警阻挠，云集天安门，打出"誓死力争，还我青岛""收回山东权利""拒绝在巴黎和约上签字""废除二十一条""抵制日货""宁肯玉碎，勿为瓦全""外争主权，内除国贼"等口号，并要求惩办交通总长曹汝霖、币制局总裁陆宗舆、驻日公使章宗祥等。由此爆发了震惊中外的反帝反封建的"五四"运动。

当时的冰心，是北京协和女子大学理预科一年级的学生。在"五四"运动的前几天，冰心的二弟得了猩红热，在东交民巷的德回忆"五四"

冰心

　　五四运动，说来甚远也很近，六十年了，表面上似乎过得又快；在五四时期，自己还很年轻的时期，一句幻想：六十年之后，自己一定不在了，但中国的前途，一定是超像不到地美好与光明。现在这个幻想的年代，已来到眼前，而这个从小到底之事，居然也还在，我们的祖国也已经从三座大山的重压之下，解放出来了，中国人民站立起来了！但是我们在五四时期所要喊叫求的科学与民主，却在此后六十年中，被万恶的极少数的人们"搞得乱糟糟一团"！那种悲愤的心情，决不是"感慨万千"这四个字所能表达的……

　　在这六十年中，我们都经受了考验，增长了见识。"前事不忘后事之师"，我们总有牢牢记住这创钜痛深的教训，而今以后我们大家一致，站在自己的岗位上，把一生一切一意一心奉于为四化"而奋斗，给科学与民主铺出一条前进的道路。

　　让我回来吧。十九岁以前，1919年在北京就曾经过五四运动，但那时我年纪轻不是一个党

《回忆"五四"》手稿

国医院动了耳部手术。5月4日当天,冰心正好陪在医院照顾弟弟。那天下午,冰心家的女工来送换洗的衣服,便说起学生运动的情形。女工告诉冰心,街上有好几百个学生,打着白旗游行,嘴里喊着口号,路旁看的人挤得水泄不通。到了黄昏的时候,又有一个亲戚过来看望他们,兴奋地说起北京的大学生们为了阻止北洋政府签订出卖青岛的条约,聚集游行的队伍,在街上高呼口号散发传单,最后涌到卖国贼章宗祥的住处,火烧了赵家楼,还有许多学生当场被捕了。冰心听后,又是兴奋又是愤慨,在亲戚走了之后,她的心还在激昂地跳。甚至看着那天窗外刮着的大风,飘来槐花的浓香也熏得她头痛!

这一夜,冰心彻夜未眠,第二天一早就同二弟从医院回家去了,到学校销假。到了学校,冰心去了学生自治会,看到大家都站在院里激昂地面红耳赤地谈话,一边也投入了紧张的工作。因为冰心的文笔好,她就被选做了学生会的文书,并成为北京女学界联合会宣传股的成员。

说起北京协和女子大学的学生会,还是北京女学界联合会之一员,只是出席北京女学界联合会和北京学生联合会运动的,多是些高年级的同学。冰心当时是低年级的学生,便参加文字宣传,鼓动罢课、罢市和对市民宣传等活动。虽然,协和女子大学是个教会学校,主张"专心听道""安心读书",但是在这场空前的声势浩大的爱国运动面前,个人的循规蹈矩便显得微不足道了。

冰心同其他学生们坚持罢课游行,罢课宣传。为了抵制日货,还旷课制造些日用品,绣些手绢等出卖,连一向修道院似的校园,也成了女学界联合会代表们开会的场所了。每一位学生都兴奋紧张,一听到有什么紧急消息,就纷纷丢下书本涌出课堂,三五成群地挥舞着旗帜,在街头宣传,沿门沿户地进入商店,对着怀疑而又热情的脸,讲着人民必须一致起来,反对日本帝国主义的侵略压迫,反对军阀政府的卖国行为的大道理。又或者,她们三三两两抱着大扑满,在大风扬尘之中,荒漠黯旧的天安门前,拦住过往的洋车,请求大家捐助几个铜子,帮助援救慰问那些被捕的爱国学生。除此之外,她们大队大队地去参加北京法庭对于被捕学生的审问,并开始用白话文写着各种形式的反帝反封建的文章,在各种报刊上发表。

在这场轰轰烈烈的学生爱国运动中,冰心是一位亲历者。正如巴金先生曾说的,冰心是"五四"文学运动最后一位元老,他自己却只是这运动的一个产儿。

2. 第一篇文章

"五四"运动爆发之后的7月28日,北京当地警察开始逮捕有关学生,蓄意报复,并想借此立威,刑一儆百。8月8日,地方检察厅以"轻微伤害及私擅监禁"的罪名向被捕的11名学生提起公诉。

8月21日上午10时,北大学生案在地方法院正式开庭,公开审理。义务为鲁士毅等11名学生做辩护的是著名法学家刘崇佑大律师。当时的整个法庭座无虚席,冰心以北京女学界联合会宣传股成员的身份,前后历时8小时,全程旁听了审判过程。

刘崇佑律师在法庭上慷慨陈词,动情地阐述学生们出于爱国义愤的举动,根据法律,当无罪尔!法庭上下无不感动,甚至掌声如雷。最终,经过刘律师出色的抗辩,并在社会舆论无形的压力之下,地方法院在判决时,不得不做出相当大的让步。所有11名被控学生,只是被不同程度轻判缓刑,事实上即是当庭释放。这是一场正义的胜利!

从法院回来,学生自治会鼓励参加旁听的学生,将审判的经过写成文章,寻求发表,以扩大影响。冰心也想将一腔激愤先吐为快。当晚,她便奋笔疾书,写下了《二十一日听审的感想》。

文章倒是写好了,可是怎么发表呢?那时的冰心也只是北京协和女子大学的学生,每天往返于家庭和学校之间,生活简单而单纯。思来想去,想起家里大报纸里有一份北京的《晨报》,是表兄刘放园赠阅的。刘放园是母亲的表侄,比冰心大了将近二十岁,虽是表兄,其实更像是长辈。每次来家里串门,对于冰心这几个姐弟,也都不怎么搭理。冰心记得《晨报》上刊登的言论比较开明,对学生运动是支持的态度,而这位表兄似乎就是在《晨报》工作。

冰心鼓起勇气,给表兄刘放园打电话去试试看吧。听了电话,刘放园兴许有些吃惊,仿佛这个平日里温顺乖巧的小妹,一下子长大了。于是,冰心的这篇《二十一日听审的感想》不久便出现在刘放园的案头上,更是在8月25日这一天,出现在了《晨报》的自由论坛栏目上,署名女学生谢婉莹。这是冰心正式发表的第一篇文章,从此,冰心的文字便一发而不可收,屡见报端。——这是"五四"运动的一声惊雷,将冰心"震"上了写作的道路。

《二十一日听审的感想》截图

3. "冰心"与问题小说

《二十一日听审的感想》在《晨报》上发表了之后,刘放园表兄发现冰心的文笔出色,当知道这一篇文章居然是一夜写就的时候,更是惊讶!于是,他便鼓励冰心,多练多写,有了好了文章,再帮她发表。与此同时,刘放园还不断地寄来《新潮》《新青年》《改造》等杂志给冰心看,让她接触更多的信息和知识。

在阅读中,冰心获取了大量新鲜的文学讯息,知道了杜威和罗

《两个家庭》截图

素,也知道了托尔斯泰和泰戈尔,还懂得了用白话文写作小说的形式……在冰心心中,打小种下的文学的种子,在慢慢发芽成长。经过一些时间的构思和酝酿,冰心写出第一篇白话小说《两个家庭》,描写了两个家庭由于教育与文化背景的不同,走上了两条不同的生活道路。同样,小说写就之后,便送到了刘放园表兄的案头上。而且,第一次用了"冰心"这个笔名。

冰心之前发的几篇文章,用的都是"女学生谢婉莹",只是这次写的是小说,她倒有些胆怯,不好意思拿出来。想想别人写小说,常用的是笔名,干脆自己也取个笔名。她先想到的是"珠瑛"这个名字——这是小时候,姑妈怕她像两个哥哥一样夭折,特地到福州乌石山上的吕祖庙许愿，拜在吕祖（吕洞宾）门下，抽的名字。但转念一想，这个名字一来太女气了，而来又跟封建迷信联系在一起。不妥。

最终，她想到了"冰心"这个名字。一来是因为冰心两字，笔画简单好写，而且是本名谢婉莹"莹"字的含义；二来这个名字新奇，人家看到的时候，不会想到这两字和谢婉莹有什么关系。就这么定了吧。

稿子寄出后，心头小鹿打鼓乱撞似的冰心连询问的勇气都没有！但是，三天之后，《两个家庭》豁然出现在1919年9月18日《晨报》的第七版上，并且连载三天，只是署名处被加了"女士"二字，是为"冰心女士"。

《两个家庭》发表之后，刘放园又竭力鼓励冰心再练再写再拿给他发表。冰心受到了空前的鼓励，心里也是说不出的欢喜。她抱着满腔的热情，白天上街宣传、募捐、开会，夜里就笔不停挥地写小说，因为很多情节都是细心的冰心日常观察到记下来的，所以提起笔来便才思如泉涌，行龙走马，下笔有神，每周都有新作品问世。

冰心所写的小说，都是自己周围社会生活中的问题，因此，被日后的评论称为"问题小说"。比如《斯人独憔悴》写的是被顽固的父亲所禁锢，不能参加学生运动的青年的苦恼；《秋雨秋风愁煞人》写的是一个有志于服务社会的女青年，中学一毕业，就被迫和一个富家子弟结了婚，过起了"少奶奶"的生活，从而断送了她的一生；《庄鸿的姐姐》，写的是一个女孩子，因为当公务员的家长，每月只能从"穷困"的政府那里拿到半薪，又因为这个家庭重男轻女，她就被迫停学，抑郁致死。在这些小说里，冰心给予他们的都是灰色的阴暗的结局，问题中的主人翁，个个是消沉了下去，憔悴了下去，抑郁了下去，没有给他们以一线光明的希望！然而，这也只是冰心作为作者给社会提出一个个现实的问题，那时的她，自己也不知道如何才能解决。

1920年11月27日，冰心（右一）赈灾义演后与同学合影

4.《青鸟》与赈灾义演

1920年,百年未遇的干旱,毫无征兆地降临在北方五省的大地上,天空中连半片云朵都不见,太阳肆意地笼罩着,甚至让人觉得黑夜都不会来临。数以千万计的农民望天兴叹,祈求老天开眼,然而这不过是人力所不能及之后的哀鸣。

看着同胞在天灾中的无能为力,燕京大学的学生们自发组织起赈灾工作。10月上旬,燕大女校青年会决议跟男校的青年会共同举行文艺募捐会,义演救灾。

此时的冰心被选为女校新剧委办(一说戏剧股主任)。她们决定将刚刚获得诺贝尔文学奖的比利时剧作家、诗人散文家莫里斯·梅特林克的代表作《青鸟》(*The Blue bird*,演出的剧单上原作《蓝雀》),翻译成中文,并组织演出。她请陈克俊当主角,自己来助演,又请了其他演员,花了不少功夫进行排演。

她曾回忆道:"我演的这些戏中,我最喜欢的还是《青鸟》,剧本是我从英文译的,演员也是我挑的,还到培元女子小学,请了几个小学生,都是我在西山夏令会里认识的小朋友。我在《关于女人》那本书内写的'我的同学'里,就写了和陈克俊在'光明宫'对话的那一段。这出剧里还有一只小狗,我就把我家养的北京长毛狗'狮子'也带上台了。我的小弟弟冰季,还怕我们会把'狮子'用绳子拴起,他就亲自跟来,抱着它悄悄地在后台坐着,等到它被放到台上,看见了我,它就高兴得围着我又蹦又跳,引得台下一片笑声。"(冰心《我的文学生活》)

演出这一天是1920年11月27日,在北京米市青年会开演,许多人慕名而来,七百多个座位座无虚席。演出效果超过预期,据说演出当天,鲁迅先生陪同俄国盲诗人爱罗先珂也来观看了,爱罗先珂诗人对演出很是赞许。首场开演的成功为灾民募集到了1200多元,又重演了一场。

后来,燕大女校的同学听说有许多灾民的女孩子被卖到上海、天津等地去,极为愤慨。她们决定在京城外,受灾最重的地方,设立一个幼女赈济所,收容这些幼女。于是,女校的同学们在离保定五公里的望都县城隍庙开设了赈济所,前后收容了二百多个幼女,除了供给她们饭食外,还为她们提供衣服和被褥。为了维持赈济所的运转,12月18日,燕大女校又召开赈灾大会,号召学生努力为灾民服务。会后,有七十多个学生出发,三人一队,冰心和黄玉蓉、李淑香两个同学一起,迎着凛冽的寒风,抱着扑满,到华语学校、女子高师及其附属幼稚园和小学、孔德学校募捐……

这一年的年末,让冰心如此的投入而又充实。

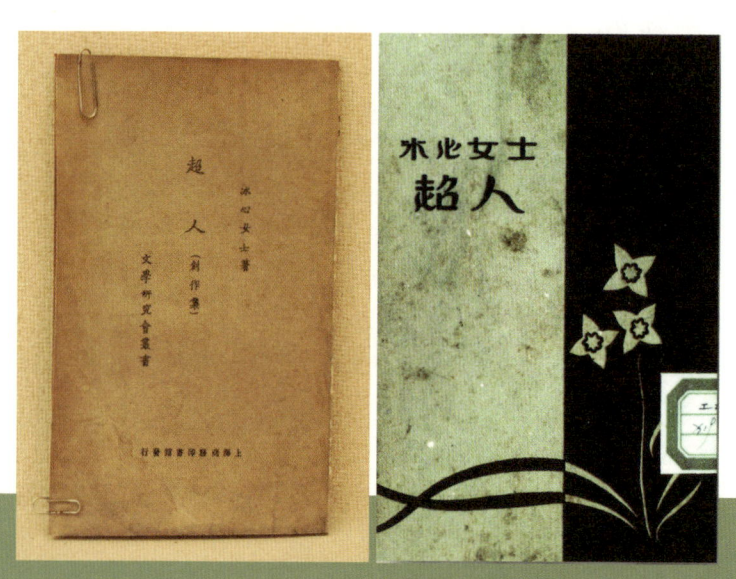

《超人》早期版本

5.《超人》

写作了诸多问题小说的冰心,也在试图通过自己的思考,给出自己的答案。这就是"母爱"。

1921年4月的上海,《小说月报》第12卷第4号刊登了冰心的一篇小说《超人》。主人公何彬是一个冷心肠的青年,与人没交际,亦不爱带一点生气的东西。这源于他消极的人生态度,消极得固执,固执地认为世界是虚空的,人生是无意识的,爱和怜悯都是恶德。一切不过是场戏,到处充斥着阴暗、黯淡、虚伪。这个原本信奉尼采的超人哲学的青年,最终为禄儿的行为所感动,在"母爱"和童心的夹击下,转而虔信"世界上的母亲和母亲都是好朋友,世界上的儿子和儿子也都是好朋友,都是互相牵连,不是互相遗弃的"。

《超人》在《小说月报》刊登之时,编辑茅盾(沈雁冰)以"冬芬"为笔名在小说篇末加了一个附注:"雁冰把这篇小说给我看,我不禁哭了起来!谁能看了何彬的信不哭?如果有不哭的啊,他不是'超人',他是不懂得吧!冬芬附注。"

小说发表之后,在文坛引起了轰动,更是赢得了许多年轻人的眼泪,在引发别人模仿的同时,也收获了种种不同的评论。

洪瑞钊在《中国新兴的象征主义文学》一文中认《超人》在"思想和艺术上都是最好的",可以"追步世界文学的后尘"。

评论家潘垂统则说:"《超人》是一篇成功的著作……最能救近来一般青年的堕落。著者正面极力写何彬的觉悟,但他心血的焦点在叫喊背面的一般悲悯的青年……青年们热烈的希望，被社会恶浊的势力打倒，发生种种悲观的念头：世界是空虚的，人生是梦幻的，从此走错了前进的正道，意志强固的，自杀以解脱痛苦；意志薄弱的，天天囚在愁城里过烦闷的生活！而近年来青年的犯这现象者，更似流行病一般。这是何等不幸，何等悲伤！但是徒然烦闷苦恼，想坐待光明的世界实现，这岂不是呆笨到十分么？……《超人》是救我们青年的上帝啊！"

剑三（王统照）这样写道："《超人》可谓成功的作品，此篇的思想，看去似乎单纯，然实是包含尽了现代青年烦闷的问题，至于轻灵的描写，与带有诗意的句子，艺术上的美丽也是读之令人怡悦的。"

除了赞赏，也有批评，如枝荣的《批评"超人"》认为："《超人》是示人们以世界虽或空虚和无意识，但有花，和光，和爱。——侧重爱，更重母爱……这样的母爱，断不足令世界充实和有意识。"

成仿吾对上述评论皆不认同："《超人》是冰心整个思想的最高的表现。他认为从否定→爱的实现→肯定，各部分的表现功夫还没有做到，作者的观察不仅没有深入，反有被客观的现象蒙蔽了的样子。"

无论怎样，《超人》的发表让冰心名声大振，其中将"母爱"作为救治灵魂的一剂良方，在此之前没有出现过，此后也鲜有人表现得比冰心更好。想来，这也是冰心"爱的哲学"之发端吧。

6. 笑

雨声渐渐的住了，窗帘后隐隐的透进清光来。推开窗户一看，呀！凉云散了，树叶上的残滴，映着月儿，好似萤光千点，闪闪烁烁的动着。——真没想到苦雨孤灯之后，会有这么一幅清美的图画！

凭窗站了一会儿，微微的觉得凉意沁人。转过身来，忽然眼花缭乱，屋子里的别的东西，都隐在光云里；一片幽辉，只浸着墙上画中的安琪儿。——这白衣的安琪儿，抱着花儿，扬着翅儿，向着我微微的笑。

"这笑容仿佛在哪儿看见过似的,什么时候,我曾……"

我不知不觉的便坐在窗口下想,——默默的想。

严闭的心幕,慢慢的拉开了,涌出五年前的一个印象。——一条很长的古道。驴脚下的泥,兀自滑滑的。田沟里的水,潺潺的流着。近村的绿树,都笼在湿烟里。弓儿似的新月,挂在树梢。一边走着,似乎道旁有一个孩子,抱着一堆灿白的东西。驴儿过去了,无意中回头一看。——他抱着花儿,赤着脚儿,向着我微微的笑。

"这笑容又仿佛是哪儿看见过似的!"我仍是想——默默的想。

又现出一重心幕来,也慢慢的拉开了,涌出十年前的一个印象。——茅檐下的雨水,一滴一滴的落到衣上来。土阶边的水泡儿,泛来泛去的乱转。门前的麦垄和葡萄架子,都灌得新黄嫩绿的非常鲜丽。——一会儿好容易雨晴了,连忙走下坡儿去。迎头看见月儿

《小说月报》与《笑》一文的截图

从海面上来了,猛然记得有件东西忘下了,站住了,回过头来。这茅屋里的老妇人——她倚着门儿,抱着花儿,向着我微微的笑。

这同样微妙的神情,好似游丝一般,飘飘漾漾的合了拢来,绾在一起。

这时心下光明澄静,如登仙界,如归故乡。眼前浮现的三个笑容,一时融化在爱的调和里看不分明了。

一九二〇年

(本篇最初发表于1921年1月《小说月报》第12卷第1号,后收入小说、散文集《超人》,为上海商务印书馆发行的文学研究会丛书,1923年5月初版。)

7.《繁星》与《春水》

1922年元旦的《晨报副刊》,在新文艺的栏目里,出现了这么一段文字:

繁星闪烁着——
深蓝的太空,
何曾听得见它们对语?
沉默中,
微光里,
它们深深的互相颂赞了。

由此开始了《繁星》小诗的连载。为什么没有刊登在诗歌的栏目里呢?

"五四"运动之后,各种新型的报刊多如雨后春笋,里面不但有许多白话写的小说、新诗、散文等,还有一些外国文学的介绍,包括文学评论之类的。冰心正值求知欲最旺盛的时候，在课外贪婪地阅读这些书报刊物，遇有什么自己特别喜欢的句子，就三言两语歪歪斜斜地抄在笔记本的眉批上；甚至有时候，还把自己随时随地的感想和回忆，也都拉杂地写了上去。日子久了，写下来的东西也多了，尽管大部分就大抵不过三五行，但因是身边的人或事或思想或杂感，自己看了觉得很亲切很真实，便舍不得丢掉。

后来，冰心偶然在一本什么杂志上，看到郑振铎译的泰戈尔《飞鸟集》（当时初译为《迷途之鸟》），受了启迪，便把笔记本眉批上的那些三五言语，做了一番整理，挑选那些更有诗意的，更含蓄一些的，放在一起，抄了起来。因为是第一首的开头便是"繁星"两个字，就在封面上随手写了，名之为《繁星》。

话说，这天《晨报副刊》的编辑来冰心家，找冰心索稿。冰心因为临近期末，除了必修课之外，还选修了社会学、心理学的课程，很是忙碌；再加上《燕大季刊》《小说月报》《时事新报·学灯》等其他报刊也经常来约稿，她的文章基本上随写随发，一时之间也没有什么存稿。但她又不好意思拒绝人家，正在犯难的时候，偶然间想起手头上还有这收集"零碎的思想"来，见诸笔端的小杂感。

冰心便取来抄好的《繁星》给编辑，有点不好意思地问："你看，这能不能要？"编辑翻阅了几页，赶忙说："可以，可以。"就把整本稿子带走了。

临到快见报的前一夜里，刘放园表兄还特地来电话内问冰心——这是什么？冰心也不好作答，便说："这是小杂感一类的东西……"

于是，《繁星》的开篇就被放在新文艺的栏目里。有趣的是，接下来连着几天，也不见继续刊登，直到1月6日，在诗栏中又出现了《繁星》。自此，连载开始。十多天后的1月18日，上海《时事新报·学灯》也连载《繁星》。

令冰心感到意外的是，《繁星》大受读者的喜爱，社会的反响也异常热烈。在读者的鼓励下,冰心又发表了类似体裁的《春水》,《晨报副刊》从3月21日开始刊载,一直到6月30日才宣告完成。

这三百来首姑且称为小诗的作品,文字上清新俊秀,恬淡自然;形式上自由无韵,不矫揉造作;内容上,望着繁星,对着大海,赞美自然,赞美母爱和孩子,追求真善美;同时,多蕴含哲理,给人启迪,催人进取。小诗一时间便在当时的文坛上风行起来,赞誉和批评的声音也随之而来。但是,不管如何,这晶莹的繁星已闪耀在文坛之上,清澈的春水也早已流淌进读者的心田,乃至掀起内心的波澜。许多青年人争相仿效这种体裁和风格,创作了更多类似的小诗。可以说,《繁星》《春水》引领了一代诗坛的文风。

有趣的是,在燕京大学担任中国文学史课程的周作人先生,曾在上课中,以《繁星》《春水》作为范例来讲解新诗,并给予高度的评价。不曾想,作者冰心正坐在他面前的第一排,面红耳赤地听他的讲演……

然而此后的冰心,再也没有写过类似的文字了。甚至觉得她被冤枉了:"说到零碎的思想,要联带着说一说《繁星》和《春水》。这两本'零碎的思想',使我受了无限的冤枉!我吞咽了十年的话,我要倾吐出来了。《繁星》《春水》不是诗。至少是那时的我,不在立意做诗。我对于新诗,还不了解,很怀疑,也不敢尝试。我以为诗的重心,在内容而不在形式。同时无韵而冗长的诗,若是不分行来写,又容易与'诗的散文'相混。我写《繁星》,正如跋言中所说,因着看泰戈尔的《飞鸟集》,而仿用他的形式,来收集我零碎的思想。"(冰心《我的文学生活》)

在冰心的心目中,"实在是有诗的标准的,我认为诗是应该有格律的——不管它是新是旧——音乐性是应该比较强的。同时情感上也应该有抑扬顿挫,三百两语就成一首诗,未免太单薄太草率了。因此,我除了在二十岁前后,一口气写了三百多段'零碎的思想'之外,

就再没有像《繁星》和《春水》之类的东西"。（冰心《我是怎样写〈繁星〉和〈春水〉的》）

（三）留美生涯

1.《寄小读者》的诞生

世上没有哪个小孩子不想快快地长大成人，然而，却有一个大人以身为儿童为傲，这个大人就是冰心。她说："我是你们天真队伍里的一个落伍者——然而有一件事，是我常常用以自傲的：就是我从前也曾是一个小孩子，现在还有时仍是个小孩子。"这段话出自冰心的儿童文学代表作《寄小读者》里面。

冰心是中国现代儿童文学的奠基人之一，《寄小读者》便是冰心的代表作，是她在1923年至1926年间写给小读者的通讯，共二十九篇。其中，有二十一篇是她赴美留学期间写成的，主要记述

▎《寄小读者》初版本，封面为丰子恺设计

▎《寄小读者》早期版本

了海外的风光和奇闻异事，同时也抒发了她对祖国、对故乡的热爱和思念之情。

《寄小读者》最初由北新书局于1926年5月初版，短短一年之内印了13次；到1935年12月，单单北新书局便印行了23版；到1941年6月，出到36版——这其中还未计入其他未授权或盗印的版次。这样的发行量，一时无两，无出其右。这部作品也给冰心带来了极高的知名度和极大的荣誉，一代又一代的小朋友，都从这里认识冰心，接受冰心，在冰心的文学熏陶和影响下成长起来。

话说，1923年6月，冰心从燕京大学毕业，准备前往美国威尔斯利女子大学留学。家里的三个弟弟都舍不得冰心远行，三弟谢为楫已经十三岁了，他知道地球是圆的，就跟姐姐开玩笑说："姊姊，你走了，我们想你的时候，可以拿一条很长的竹竿子，从我们的院子里，直穿到对面你们的院子去，穿成一个孔穴。我们从那孔穴里，可以彼此看见。我看看你别后是否胖了，或是瘦了。"

还有年纪更小的小伙伴们缠着冰心，七嘴八舌地说这说那，让冰心将远行之后好看的好玩的新奇的东西都告诉他们。冰心又是好笑，又是感动，便答应了弟弟和其他小伙伴的要求，通过写信的方式来将留学的生活、旅途的见闻、新鲜的事情、外国的风景、异地的人情，告诉他们。

就在这时，冰心发现《晨报副刊》的第四版上开辟了一个"儿童世界"专栏。她想起，这个专栏正是在她的多次提议下才开设的，自己也应该为它写点什么，现在刚刚答应弟弟们写信的要求，如果把通讯刊载在这个专栏上，既能给弟弟们看，更可以给更多的小朋友读者看，不是两全其美吗？

于是，一天清晨，冰心静下心来，伏在案头，仿佛带着几分的仪式感，写了《给儿童世界的小读者》：

寄家乡小读者

冰心

家乡的小朋友：

《小学生周报》发刊了，这对于小朋友们，是个极好的消息！

我们的家乡——福州，是我国东南沿海的一个大港口。它每天都在接待着五洲四海的人物，都在传送着五洲四海的信息。我愿福州的小学生们，不放过你们在家庭、学校、社会上所接触的一切新鲜事物，以及这些事物在你们生活中所引起的新的情况。同时利用《小学生周报》这块发表创作的园地，~~把你们耳闻目睹的一切~~ 把你们的思想写出来把你们的热情抒写了下来，把你们的理想发挥了出来，以供同学们的切磋观摩和老师们的评论改正，这，对于你们的写作经验会有很大的好处的。我很忙，不能多写，祝 你们不断进步。

你们热情的朋友

冰心

1984年11月20晨

《寄家乡小读者》手稿

似曾相识的小朋友们:

我以抱病又将远行之身,此三两月内,自分已和文字绝缘;因为昨天看见《晨报》副刊上已特辟了"儿童世界"一栏,欣喜之下,便借着软弱的手腕,生疏的笔墨,来和可爱的小朋友,作第一次的通讯。

在这开宗明义的第一信里,请你们容我在你们面前介绍我自己。我是你们天真队里的一个落伍者——然而有一件事,是我常常用以自傲的:就是我从前也曾是一个小孩子,现在还有时仍是一个小孩子。为着要保守这一点天真直到我转入另一世界时为止,我恳切地希望你们帮助我,提携我,我自己也要永远勉励着,做你们的一个最热情最忠实的朋友。
……

这信该收束了,我心中莫可名状,我觉得非常的荣幸!

冰心

一九二三年七月二十五日

这封通讯刊登在7月29日的《晨报副刊》"儿童世界"专栏上,后来成为《寄小读者》的首篇。从这篇通讯一到通讯五,都是写在国内准备远行的情况,通讯六则是写赴美船上的事情,以后的十几篇就是写美国留学的经历,另外还有最后的两篇是回国之后写作的。

再后来,冰心以这种通讯的方式,又分别在20世纪40年代写过《再寄小读者》,50年代又写了《再寄小读者》,一直到80年代她提笔写了《三寄小读者》。此外,还有不少的单篇通讯,也以"寄小读者"为篇名。这种通讯体面对面的写作形式,成为冰心儿童文学中独有的景象。

2."阴错阳差"的爱情

躲开相思,

披上裘儿

走出灯明人静的屋子。

小径里明月相窥,

枯枝——

在雪地上

又纵横的写遍了相思。

这首名为"相思"的诗,是冰心唯一的爱情诗,写给一个叫"吴文藻"的人。

1923年8月,约克逊总统号邮轮满载着清华与燕大的学子前往美国,其中便有冰心。登船后不久,冰心倒是想起一人来:临行前,她收到先期自费赴美留学的贝满女中同学吴搂梅的来信,说她弟弟

1923年,冰心乘船赴美留学

吴文藻

吴卓，是这一届清华学堂的应届毕业生，会与冰心同船赴美，希望给予关照云云。所以，上船后第二天，冰心便想着去找吴卓。虽然当时社会已较为开明，燕大更是男女合校，异性同学之间接触也多自然，但让冰心直接到清华男生的船舱中去找人，还是颇为不便。她思来想去，只好求助于同行的许地山，请他帮忙去清华的男生中找一位"吴先生"。

佳人有命，不敢怠慢，许地山火急火燎地去了清华男生的船舱找人。冰心左右无事，便和陶玲一起在甲板上玩起了丢沙袋的游戏。不多时，许地山领着吴先生来了。这位吴先生身材颀长，五官端正，白皙的脸庞，剑眉星目，挺直的鼻梁上架着玳瑁边的眼镜，略厚的嘴唇微微笑着，书卷气扑面而来，一副文质彬彬的样子。

因着冰心与吴搂梅是要好的同学，冰心与这位吴先生寒暄之中便带着大姐姐的口气："昨天晚上休息得好吗？晕不晕船？"吴先生稍微一愣，应道："昨晚休息还好，不晕船。"冰心看出吴先生的诧异，便说："是这样的，我收到你姐姐的来信，说你也是乘这艘船到美国，让我找你，路上互相照顾。"

闻言之后，吴先生更是一头雾水：他的两个姐姐一个只念过小学，另一个更是大字不识，如何会给眼前这位美国留学生写信？

吴先生反问道："不知道家姐什么时候给你写过信？"冰心也纳闷了，说："我前几天方才收到你姐姐从美国寄来的信……"话音未落，吴先生算是明白过来，不由地说："不好意思，你可能认错认了。家姐没多少文化，也没有去过美国。"冰心听罢，还是忍不住问道："你不是吴卓吗？""我不是吴卓，我是吴文藻。"吴先生话一出口，两人不由得都沉默下来，冰心更是顿觉脸红，场面有几分尴尬，空间仿佛一下子凝固。

许地山也是一脸无语，愣在当下，不知道如何是好。还是冰心身边大大方方的陶玲打破了僵局，说大家能在同一艘船上相识，都

留美时的冰心

是缘分，那就来一起玩丢沙袋吧！于是，冰心与吴文藻相顾一笑，尴尬的气氛算是一扫而去，便在甲板上玩丢沙袋。

甲板上的这几个年轻人两两一组玩丢沙袋游戏。也不知是有意无意还是天意，冰心与吴文藻总是分在一组，在游戏中，两人继续攀谈着。吴文藻这才知道，眼前这位面容清秀温文尔雅的女子，却是名声在外的"冰心女士"。在清华"自由教育"的环境中成长起来的吴文藻，对冰心的大名自然是耳闻已久，但也仅止于此。

游戏玩累了，大家都熟识起来，便各自倚在船栏上，看海闲谈。冰心看吴文藻一直安安静静，不大言语，就主动问起他的情况："吴先生，不知你这次去美国，是要去哪个学校？修的什么专业？"吴文藻老老实实地回答："我们清华的高等科毕业，大约相当于美国大学的二年级。所以，上一届的师兄潘光旦推荐我可以到Dartmouth College，也就是新罕布什尔州汉诺沃市的达特默思学院去，修习社会学。"看着吴文藻一本正经的回答，冰心不由得浅笑。

吴文藻也问道："那么，你呢？"冰心也认认真真地回答他："我拿了波士顿的威尔斯利女子学院的奖学金，自然是想学文学，现在想先选修一些英国十九世纪诗人的功课。""书虫子"吴文藻博闻强记，想起前不久刚刚阅读过的一些书里面，就有几本著名的英美评论家评论19世纪早期英国著名诗人拜伦和雪莱的书，便随口问冰心："有几本评论拜伦和雪莱的书，都是现在英美著名评论家写的，你读过了吗？书名是……"

冰心暗自吃惊，这几本书都没读过，甚至为所未闻，不由得有些脸红，索性坦承："你说的这几本书，我都还没读到过。"

天性率真的吴文藻也是一愣，便直言："你要是学文学的话，这些书都没读过，不应该啊。这次到美国留学，是一个很好的就会，你如果不趁在国外的时间，多看一些课外的书，那么这次到美国就算是白来了！"

吴文藻这略显无理的话,深深地刺痛了冰心的心。她自记事以来,以聪明好学为旁人称赞,11岁便已看过全套的"说部丛书",还从没有人对她说过这样的话,连最严厉的老师都没有!冰心直视着可谓交浅言深的吴文藻,却从他的眼睛里看到了自信与真诚,这让冰心审视起自己,理性的天平偏向了吴文藻;再次看向这个书生气的青年男子,却有说不出的可爱之处。

冰心稍整心情,展颜一笑,诚恳地对吴文藻说:"吴先生,谢谢你的忠言。我一定会借这个机会,好好读一些书,不虚美国此行。"这边的吴文藻话一出口,便觉得唐突,正心中忐忑,听到冰心如此豁达的话,他如释重负,也暗暗佩服冰心的大方,不由得再次打量着眼前的"冰心女士":清丽的容颜,微红的脸颊,巧笑倩兮,美目盼兮,却同样透着知性女子的自信与真诚。

四目相对之下,他们在对方的心底,站住了,坐下了,直到一辈子。

六十三年之后,吴文藻先于冰心故去。冰心在回忆吴文藻之时,当时的情景仍历历在目,当时的对话也言犹在耳,不曾遗忘:

他的这句话深深地刺痛了我!我从来还没有听见过这样的逆耳的忠言。我在出国前已经开始写作,诗集《繁星》和小说集《超人》都已经出版。这次在船上,经过介绍而认识的朋友,一般都是客气地说"久仰、久仰",像他这样首次见面,就肯这样坦率地进言,使我悚然地把他作为我的第一个诤友、畏友!(冰心《我的老伴——吴文藻》)

到美国,下了船,分开了。冰心到波士顿威尔斯利女子大学研究院入学后,陆陆续续收到了许多同船新交朋友的信函,有的洋洋洒洒十几页纸,有的更是开门见山直抒爱意,她无一例外,都只用威校的风景明信片,附带几句应酬的话礼节性的回复。倒是收到吴文藻寄来的一封达特茅思学院的风景明信片之后,冰心认认真真地回了一封信给他,开启了两人长达三年,从不间断的飞鸿传书。

回首冰心与吴文藻的初次见面,无疑是戏剧性的"阴差阳错"。后来,许地山曾开玩笑地对冰心说:"亏得那时的'阴错阳差',否则你们到美国之后,一个在东方的波士顿威尔斯利,一个在北方的新罕布什州达特茅思,相去有七八个小时的火车,也许永远没有机会相识了。"

命运的安排如此美妙,冰心与吴文藻从四目相对逆耳忠言中确认了彼此,从一次错识相知相交中牵手了一生。到晚年,冰心含泪写下万言的《我的老伴——吴文藻》,却也忍不住"埋怨"吴文藻,在他一生的文字里,言及两人的只有《吴文藻自传》中的那一句话:也就是在去美国的船上,与谢冰心相遇并播下了友谊的种子。

3. 东方美人

约克逊总统号邮轮在美国西雅图靠岸了,冰心挥别同行的朋友,在西雅图小住两日,便乘火车到了芝加哥,又从芝加哥前往波士顿。这一路留美的中国学生,就数冰心的行程最远,终于来到她此行的目的地了。

她下了火车,正茫然无措时,两位面带微笑的老人迎了上来。其中一名优雅的女士惊喜地唤着冰心的名字,说:"我的孩子,终于把你盼来了!"原来,这是冰心大学时期的老师包贵思的父母亲。

他们把冰心接到了家里——默特佛镇火药库街四十六号(46Powder Hose Street Medford,Mass.),安排冰心先住在包贵思的房间。老人的关怀和体贴,让远道而来的冰心感受到了温暖和安慰。他们带着冰心游览了波士顿,参观了侯立欧女子大学、斯密斯女子学院,漫步波士顿的海岸边。

冰心虽然感受到两位老人的热情,但是怎奈初来乍到,终究举目无亲，一幢幢楼房林立，一条条街道笔直，一次次思念袭来。包老夫人看在眼里，有了计较，便跟冰心说，波士顿有家很好的照相馆，去那里拍一张照片，寄回国内给思念的亲人们吧。

于是，冰心在包老夫人的陪同下，到了这家照相馆，花了五美元，拍了一张照片，随着她的书信寄回了北京，自己也留了一张，装在相框里，作为纪念。

几日过后，这家照相馆的橱窗外，不约而同地站满了人。大家的目光投向橱窗第一排的一张照片上——这是一名年轻的东方女性的半身照，乌黑亮丽的直发覆盖前额，温柔明媚的目光凝视远方，高高的鼻梁，嘴角跟着笑意微微翘起，红润的脸庞透着健康的美丽的光泽，具有东方特色的花色上衣显得典雅端庄，一条金色的项链静静地垂在胸前相得益彰。"天啊，这是谁？真是美丽""这难道就是神秘的东方美人？"……围观的人议论起来。

这张照片的主人，就是冰心。

越来越多的人听到了这个传闻，纷纷跑来照相馆的橱窗前一睹芳容。照相馆的摄影师更是得意，特地把照片放大了，再摆在正当中，方便大家欣赏。他们还写信给冰心，告诉她这个"好消息"。

接到信息的冰心，心里也有些小窃喜，但转念一想，便按捺不住：一个姑娘家，相片放在大街上，对于东方传统而言，多少有些不好接受。胆小的冰心，不敢冒冒失失去找照相馆，只好求助学校的老师去沟通，把照片取下来。人家照相馆的经理则不以为然，说这是他们拍的最成功的照片之一，放大出来陈列是他们的光荣。后来，为了尊重中国朋友的意见，照相馆经理便安排把照片换了个位置，移到后排不那么显眼的位置。

回过头来，冰心自己也对这张照片颇为满意，在装着照片的镜框两旁，写下自己喜欢的两句诗：

到死未消兰气息,

他生宜护玉精神。

4. 韦班湖？慰冰湖！

1923年9月17日，冰心开始在位于美国波士顿威尔斯利镇上的威尔斯利女子大学研究院学习，主攻为英国文学。她在注册时，使用的英文名是："MARGARET"（玛格丽特），学号是：

冰心在慰冰湖畔

015754。她刚入学不久，就发现在这里，有一个很大很美的湖，英文名为：Lake Waban。她不知道的是，这个湖被曾同样就读于威尔斯利女子大学的宋美龄翻译为韦班湖。

冰心住的是学校的学生公寓，英文名：Beebe Hall，冰心便把它翻译作"闭璧楼"。公寓离 Lake Waban 不远，从没出过远门也未曾远离亲人的冰心，入校没几天，便分外想家，想家里的亲人。她一见到湖，不由得想起小时候在烟台的经历，觉得特别的亲切。她是"海的女儿"啊，现在身处湖边，亲人却不在身边，只有湖水，见水思人。因此，每当下课归来，冰心不自觉地就往 Lake Waban 去，又身不由主地绕着湖，一圈一圈地走，仿佛这样便能离家离亲人更近一些。后来，冰心索性谐音会意，将 Lake Waban，唤做"慰冰湖"。

于是，公寓旁这个美丽的慰冰湖不在冰心的留学生涯中占据了很重要的位置，而且走进了冰心的笔下。她写道："从此过起了异乡的学校生活。虽只过了两个多月，而慰冰湖的新环境和我心中的乡愁，将我两个多月的生涯，装点得十分浪漫。"

也就是在这短短的两个多月时间，冰心写了 8 篇文章，其中提到慰冰湖的就有 11 次之多，甚至有一篇《好梦》，里面全是慰冰湖啊：

中秋之夕，停舟在慰冰湖上，自黄昏直至夜深，只见黑云囤积了来，湖面显得暗沉沉的。

又是三十天了，秋雨连绵，十四十五两夜，都从雨声中度过，我已拼将明月忘了！

今夜晚餐后，她竟来看我，竟然谈到慰冰风景，竟然推窗——窗外树林和草地，如同罩上一层严霜一般。"月儿出来了！"我们喜出意外的，匆匆披上外衣，到湖旁去。

曲曲折折的离开了径道，从露湿的秋草上踏过，轻软无声。斜坡上再下去，湖水已近接足下。她的外衣铺着，我的外衣盖着，我们无言的坐了下去,微微的觉得秋凉。

月儿并不十分清明。四围朦胧之中,山更青了,水更白了。湖波淡淡的如同叠锦。对岸远处一两星灯火闪烁着。湖心隐隐的听见笑语。一只小舟,载着两个人儿,自淡雾中,徐徐泛入林影深处。

回头看她,她也正看着我,月光之下,点漆的双睛,乌云般的头发,脸上堆着东方人柔静的笑。如何的可怜呵!我们只能用着西方人的言语,彼此谈着。

着意不多的笔墨下,景中有人,人更在景中,时间、景色、人物、语言,还有或浓或淡的乡愁,从冰心的笔下流淌出来,文字中透着女性天生的敏锐,弥漫开一道忧而美的情绪,让人玩味。只身独影的冰心,无意中写就了华丽的篇章。

这一天,正是冰心母亲寿辰的前一天,冰心又到湖边去了,她临水起了乡思,记起清代诗人左辅的《浪淘沙》:"水软橹声柔,草绿芳洲,碧桃几树隐红楼;耆是春山魂一片,招入孤舟。/乡梦不曾休,惹甚闲愁?忠州过了又涪州。掷与巴江流到海,切莫回头!"

冰心心念之下,觉得情景悉合,便随手拾起一片湖石,用小刀刻上"乡梦不曾休,惹甚闲愁?"两句,远远地抛入湖心里,自己便头也不回的走转来。她相信这片小石,自那日起,便会永在湖心,直到天地的尽头,只要湖水不枯,湖石不烂,冰心的一片寄托此中的乡心,也永古不能磨灭的!

直到现在,还有很多中国人知道威尔斯利女子大学那里有一个慰冰湖,而不知有韦班湖。

5. 爱与同情

转眼间,冰心来到威尔斯利女子大学已经快三个月了,天气也逐渐变冷。一天下完课,她如往常一般来到慰冰湖畔。刚刚靠着一块大石头坐下，一阵冷风拂过她瘦弱的身子，令她不由得打个冷战。不多时，冰心便觉得头晕乏力。

回到公寓的这天夜里。冰心昏昏沉沉地，怎么也睡不着，站在窗口，遥望慰冰湖，又思念起遥远的家来。忽然，她感觉腹中一阵翻江倒海，一个没忍住，竟然口吐鲜血！

舍友赶紧叫来了医生和护士，房间内忙作一团。医生给冰心作了一些紧急处理，又打针又止血，脸上的神色慢慢地愈发凝重。半夜，冰心便被送往学校的圣卜生医院。

过了几天，冰心的病情有了好转。但是，慎重的医生经过考虑，或许也有些顾虑，便安排她休养半年。于是，冰心被送上了青山（The Blue Hills）沙穰疗养院。

这下子，冰心有些无所适从了，甚至"几乎神经错乱"。出国留学意外变成出国养病，早已做好的学习安排，也都成了泡影，令她冰心一时难以接受。幸运的是，病中的冰心却有了意想不到的收获——来自于许多或认识或不认识的老师、同学，甚至是仅有一面之缘的善良人的同情与爱。

从圣卜生到青山，冰心的病房中，从不缺少鲜花，从不缺少前来问候的人，也从不缺少问候的信函。鲍贵思的母亲鲍夫专程从波士顿赶来，见到冰心脸色苍白地躺在床上，握着她的手含着泪说："我的孩子，你这是怎么了……"话音刚落，冰心的泪水也一下子涌了出来。燕京大学的校长司徒雷登正好在美国旅行，偶然得知冰心生病，便特地赶来，就只为了看望病中的冰心。很多在美国的留学生也赶来了，熟识的许地山、梁实秋，还有之前留下深刻印象的吴文藻！质朴的吴文藻默默地看着她，只说了一句："你要听从医生的安排，好好地休养……"

在无数鲜花和友爱的环绕中，冰心终于得以病愈出院。她在《寄小读者·通讯十九》中，用手中的笔对她的小朋友吐露着令她永生

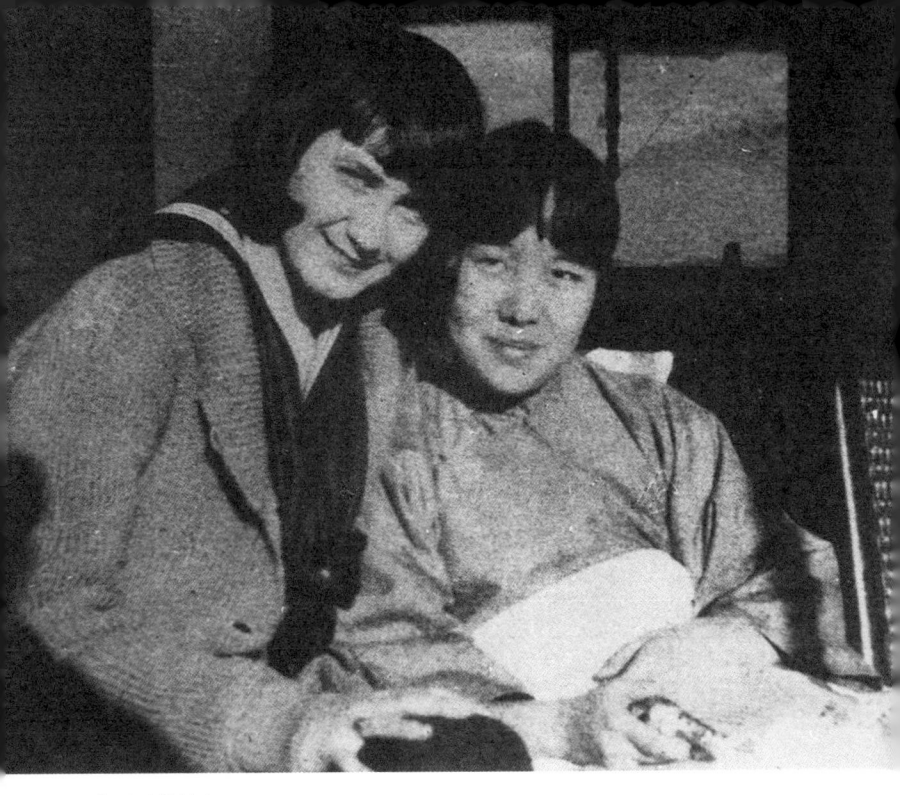

病中的冰心

难忘的病中体验：一是"弱"，身乏体弱，不由自主，"眠食稍一反常，心理上稍有刺激，就觉得精神全隳，温度和脉跃都起变化"，"如今理会得身心相关的密切，和病弱扰乱了心灵的安宁，我便心诚悦服的听从了医士的指挥"。二是"冷"，"冷得真有趣！更有趣的是我自己毫不觉得，只看来访的朋友们的瑟缩寒战，和他们对于我们风雪中户外生活之惊奇，才知道自己的'冷'。冷到时只觉得一阵麻木，眼珠也似乎在冻着，双手互握，也似乎没有感觉"。唯一可以欣慰的还是看书，麻木的手还在写字，竟练出了些许的勇敢。三是"闲"，"闲得却有时无趣"，往往半个月后的日程，早已安排了。

同时,"闲"又赋予她写作的自由,想提笔就提笔,想搁笔就搁笔,反而成就了"行云流水"的写作态度。四便是"爱"与"同情"。冰心以最庄肃的态度叙述这最为深切的感觉。她说,以前认为同情是应得的,爱是必得的,"便有一种轻藐与忽视",然而此应得与必得,只限于家人骨肉之间;至于朋友同学之间,"同情是难得的,爱是不可必得的,幸而得到,那是施者自己人格之伟大!""同病相怜"何等真切,"我还无言,她已坠泪"何其幸甚!这是人之为人,人性之伟大的根本。于是,冰心满怀深情地写道:

爱在右,同情在左,走在生命路的两旁,随时撒种,随时开花,将这一径长途,点缀得香花弥漫,使穿枝拂叶的行人,踏着荆棘,不觉得痛苦,有泪可落,也不是悲凉。

从此,"爱与同情"的种子种在了冰心的心灵深处,贯穿了她此后漫长的一生。

6. 求婚信

谢先生、太太:

请千万恕我用语体文来写这封求婚书,因为我深觉得语体文比文言文表情达意,特别见得真诚和明了。但是,这里所谓的真诚和明了,毕竟是有限的,因为人造的文字,往往容易将神秘的情操和理性的想象埋没掉。求婚乃求爱的终极。爱的本质是不可思议的,超于理性之外的。先贤说得好:"道可道,非常道。名可名,非常名。"我们也可以说,爱是一种"常道"或是一种"常名"。换言之,爱是一种不可思议的"常道",故不可道;爱又是超于理性之外的"常名",故不可名。我现在要道不可道的常道,名不可名的常名,这其间的困难，不言自明。喜幸令爱与我相处有素，深知我的真心情，可以代达一切，追补我文字上的挂漏处。

令爱是一位新思想旧道德兼备的完人。她的恋爱与婚姻观，是藻所绝对表同情的。她以为恋爱犹之宗教，一般的圣洁，一般的庄严，一般的是个人的。智识阶级的爱是人格的爱：人格的爱，端赖乎理智。爱——真挚的和专一的爱——是婚姻的唯一条件。为爱而婚，即为人格而婚。为人格而婚时，即是理智。这是何等的卓识！我常觉得一个人，要是思想很彻底，感情很浓密，意志很坚强，爱情很专一，不轻易的爱一个人，如果爱了一个人，即永久不改变，这种人的爱，可称为不朽的爱了。爱是人格不朽生命永延的源泉，亦即是自我扩充人格发展的原动力。不朽是宗教的精神。留芳遗爱，人格不朽，即是一种宗教。爱的宗教，何等圣洁！何等庄严！人世间除爱的宗教外，还有什么更崇高的宗教？

《求婚信》手稿（复印件）

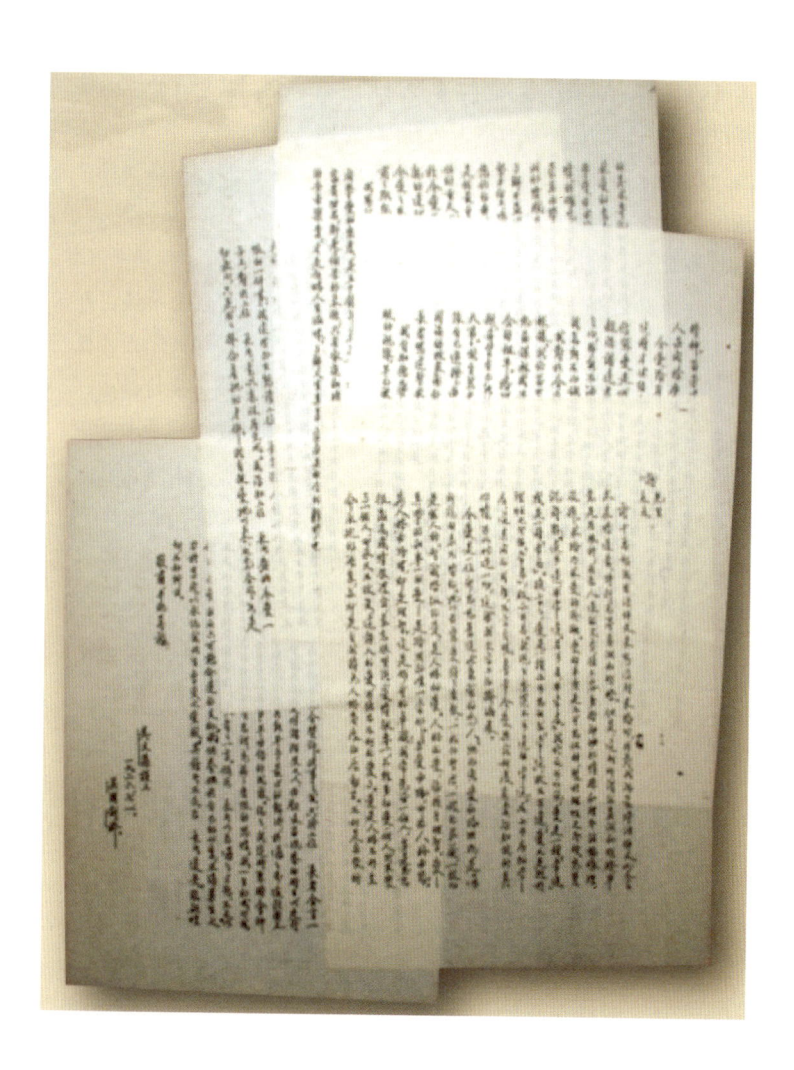

令爱除了有这样彻底的新思想外，还兼擅吾国固有的道德的特长。这种才德结合，是不世出的。这正是我起虔敬和崇拜的地方。她虽深信恋爱是个人的自由，即不肯贸然独断独行，而轻忽父母的意志。她这般深谋远虑，承欢父母，人格活跃，感化及我，藻虽德薄能鲜，求善之心，那能不油然而生？她这般饮水思源，孝顺父母，人格的美，尽于此矣，我怎能不心诚悦服，益发加倍的敬爱！

我对于令爱这种主张，除了感情上的叹服以外，还深信她有理论上的根据。我们留学生总算是智识阶级中人，生在这个过渡时代的中国，要想图谋祖国社会的改良，首当以身作则，一举一动，合于礼仪。家庭是社会的根本，婚姻改良是家庭改良的先决问题。我现在正遇到这个切身问题，希望自己能够依照着一个健全而美满的伦理标准，以解决我的终身大事。我自然更希望这个伦理标准，能够扩大他的应用范围。令爱主张自己选择，而以最后请求父母俯允为正式解决，我认为这是最健全而圆满的改良南针，亦即是谋新旧调和最妥善的办法。这就是我向二位长者写这封求婚书的理由。

我自知德薄能鲜，原不该钟情于令爱。可是爱美是人之常情。我心眼的视线，早已被她的人格的美所吸引。我激发的心灵，早已向她的精神的美求寄托。我毕竟超脱了暗受天公驱使而不由自主的境地，壮着胆竖立求爱的意志，闯进求爱的宫门。我由敬佩而恋慕，由恋慕而挚爱，由挚爱而求婚，这其间却是满蕴着真诚。我觉得我们双方真挚的爱情，的确完全基于诚之一字上。我们的结合，是一种心理的结合。令爱的崇高而带诗意的宗教观，和我的伦理的唯心观，有共同的思想基础和共同的情感基础。我们所以于无形中受造物的支配，而双方爱情日益浓密，了解日益进深。我想我这种心态是健全的，而且稳重的。我誓愿为她努力向上，牺牲一切，而后始敢将不才的我，贡献于二位长者之前，恳乞您们的垂纳！我深知道这是个最重大的祈求；在您们方面，金言一诺，又是个最重大的责任！

但是当我作这个祈求时,我也未尝不自觉前途责任的重大。我的挚爱的心理中,早已蕴藏了感恩的心理。记得当我未钟情于令爱以前,我无时不感念着父母栽培之恩,而想何以实现忠于国孝于亲的道理。自我钟情于令爱以后,我又无时不沉思默想,思天赐之厚,想令爱之恩,因而勉励自己,力求人格的完成,督察自己,永保爱情的专一。前之显亲扬名,后之留芳遗爱,这自命的双重负担,固未尝一刻去诸怀。

我写到这里,忽而想起令爱常和我谈起的一件事。她告诉我:二位长者间挚爱的密度,是五十余年来如一日。这是何等的伟大!我深信人世间的富贵功名,都是痛苦的来源;只有家庭和睦,是真正的快乐。像您们那样的安居乐业,才是领略人生滋味,了解人生真义。家庭是社会的雏形,也是一切高尚思想的发育地,和纯洁情感的养成所。社会上一般人,大都以利害为结合,少有拣选的同情心。我们倘使建设一个美满愉快的家庭,决不是单求一己的快乐而已,还要扩大我们的同情圈,做到"亲亲而仁民,仁民而爱物'的真义。我固知道在这万恶的社会里,欲立时实现我们的理想,决不是一件容易事。可是我并不以感到和恶环境奋斗的困难,而觉得心灰意懒。我深信社会上只要有一二位仁人君子的热心毅力,世道人心,即有转移的机会和向上的可能。我质直无饰地希望令爱能够和我协力同心,在今后五十年中国时局的紧要关键上,极尽我们的绵薄。"舜何人也,予何人也,有为者亦若是!"总之,恋爱的最终目的,决不在追寻刹那间的快乐,而在善用这支生力军,谋自我的扩充,求人格的完成。婚姻的最终目的,亦决不在贪图一辈子的幸福,而在抬高生活的水平线,作立德立功立言等等垂世不朽的事业。天赋我以美满愉快的生活,我若不发奋图报,将何以对天下人?又将何以对自我?

我仿佛在上面说了许多不着边际的话,但是我的中心是恳挚的,我的脑经是清明的。我现在要说几句脚踏实地的痛心话了。我不爱令爱于她大病之前，而爱她于大病之后，未曾与她共患难，这是我认为生平最抱恨的一件事！我这时正在恳请二位长者将令爱付托于我，我在这一点子上，对于二位长者，竟丝毫没有交代。我深知二位长者对于令爱一切放心，只是时时挂念着她的身体。我自从爱她以来，也完全作如是观。我总期尽人事以回天力，在她身体一方面，倘使您们赐我机会，当尽我之所能以图报于万一。

我自己心里想说的话，差不多已说完了。我现在要述我的家庭状况，以资参考。藻父母在堂，一姐已出阁，一妹在学。门第清寒，而小康之家，尚有天伦之乐。令爱和我的友谊经过情形，曾已详禀家中。家严慈对于令爱，深表爱敬，而对于藻求婚的心愿，亦完全赞许。此事之成，只待二位长者金言一诺。万一长者不肯贸然以令爱付诸陌生之人，而愿多留观察的时日，以定行止，我也自然要静待后命。不过如能早予最后的解决，于藻之前途预备上，当有莫大的激励，而学业上有事半功倍的成效。总之，我这时聚精会神的程度，是生来所未有的。我的情思里，充满了无限的恐惶。我一生的成功或失败，快乐或痛苦，都系于长者之一言。假如长者以为藻之才德，不足以仰匹令爱，我也只可听命运的支配，而供养她于自己的心宫；且竭毕生之力于学问，以永志我此生曾受之灵感。其余者不足为长者道矣。临颖惶切，不知所云。

敬肃，并祝万福！

吴文藻 谨上
一九二六年七月一日
美国剑桥

7. 洁白的婚礼

1929年2月,吴文藻带着对冰心的思念,从美国哥伦比亚大学读完博士学位归国,同时获"近10年内最优秀的外国留学生"荣誉奖。

1929年6月15日下午4时,冰心与吴文藻在燕京大学校长司徒雷登住宅楼临湖轩举行婚礼,司徒雷登校长为主婚人。二排左起:刘纪华(弟媳)、吴文藻、冰心、陈意(伴娘)、江先群;三排左起:谢为杰(二弟)、杨子敬夫人(舅母)、司徒雷登、鲍贵思、萨本栋(伴男)。

作为清华学子，吴文藻本应回清华大学任教，但因了冰心的缘故，先接受了燕京大学的邀请，被聘为燕大社会学系讲师，后在清华大学兼了两门课。

3月，冰心与吴文藻相约一同前往上海，拜见冰心的父母。此前，冰心早已偷偷将《求婚书》给二老过目，现在见了真人，二老更是满意。原来，他们早托人了解过吴文藻在江阴的家庭与婚姻状况，"审核"通过了。

久别重逢的冰心吴文藻二人又马不停蹄去了江阴，探望吴家长辈，禀报婚讯。吴家双喜临门，不仅出了个洋博士，还迎来一位名动天下的女作家。不几日，他们回到上海，在谢家举行了订婚仪式，制作了喜帖，喜帖上的双方介绍人，男方是胡适，女方是张君劢。

6月15日星期六，己巳年五月初九庚午月辛卯日，宜婚娶。阳光明媚，在风景如画的燕大未名湖畔校长住宅楼临湖轩，吴文藻与谢婉莹举行了隆重而简朴的婚礼。说来有趣，这一对璧人在新婚这天都很忙，忙的却是各自的工作。冰心的班上是一堂考试，她一早8点就来监考，学生们都用惊奇的眼光看着她，又很配合地早早交了卷。冰心不紧不慢，居然当场批阅考卷，将分数评完，才离开。而吴文藻呢，约好了上午下课回来到女教师宿舍先吃午饭。他正骑着自行车从浪润园绕未名湖畔过来，眼看前面路上慢悠悠地走着一位老人家。因为路窄，超不过去，他先是摁车铃，没反应，刹车又来不及，右边是未名湖，只能往左一打弯——撞树上去了，手脚都摔伤了。没办法，他只好推着车子到校医室，敷药包扎完事，才赶到女教师宿舍。冰心看着受了伤的新郎，又是心疼又是好笑。

下午，临湖轩楼前，新郎身着西装，系着一条斜条纹的

冰心身着婚纱、手捧花束

领带，新娘穿着洁白的婚纱，头戴时尚的半圆形小帽，好一对清秀的佳人！主婚的是燕京大学的校长司徒雷登，依着西式婚礼的样式，为他们送上真诚的祝福。当天出席的客人仅限于燕大和清华的同事同学，用来招待的也只有蛋糕、茶点、果汁和咖啡，全部的费用加起来也不过34块钱。

原本，司徒雷登校长爱惜人才，早已决定将正在建造的南大地60号作为冰心夫妇婚后的新房。可惜结婚的时候，房子还没竣工，冰心便做主到西山大觉寺里租了一间空房，稍微收拾了一下作为新房。整个房间，只有冰心自己从学校带来的两张帆布床和一方没有油漆的白木桌子，仔细一看，桌子居然是三条腿，那少了的一条腿是用半块破砖垫起来的。新房如此的简陋，一向反应迟钝的吴文藻也不好意思起来。然而，冰心知足了，眼前的这个男人是她一生的财富。

燕南园60号楼

婚后两天，新婚的两人便都回了学校。冰心住到包贵思家里，吴文藻仍到教师宿舍过单身生活。不几日，学校放假了，夫妇二人先后回到上海和江阴，双方长辈们都在当地举办了隆重的婚宴。在这些仪式办完之后，他们才意识到真的成了一家人。等到9月返京，南大地的60号楼基本完工。在冰心和佣人富妈的张罗下，这座命名为"燕南园60号"的小楼，正式成为他们的新居。

经过六年的相识相知相爱，冰心与吴文藻有了属于自己的温馨小家。燕南园60号楼在之后的十年里，见证了他们二人的相爱相伴相守。

学行修明 忆犹新

（一）峥嵘岁月

1.《南归》

关于散文，冰心先生曾说过："我这一辈子写了有一二百篇散文（实际上，据冰心研究会原会长、冰心文学馆原馆长王炳根统计，冰心一辈子所作可称'散文'者多达918篇），多半都是千字文，现在拿起自己的文集来看，觉得大多数都是'做'的！连那篇《关于散文》也是'做'的，说的都是些空泛的夸赞的话，写过自己也忘了！"

在这许多的散文中，"但是其中有一篇，使我不敢轻易翻看，一看就会使我惊心，使我呜咽，而且它是我写过的散文中最长的一篇，大约一万五千字左右吧，这篇就是收在《冰心文集》第三卷里的'贡献给母亲在天之灵'的《南归》！"

《南归》，是冰心纪念她母亲的，于1931年所写。冰心在她母亲临终前侍疾的一个多月的日子里，眼睁睁地看着她亲爱的母亲是如何被病魔一点一点地吞噬着生命而无能为力，最后又眼睁睁地看着母亲在极度的病痛中撒手人寰。面对母亲的即将离开人世，她"宁可做一个麻木、白痴、浑噩的人，一生在安乐、卑怯、依赖的环境中过活。我不愿知神秘，也不必求伟大！"

冰心说："我写《南归》的时候，只感到我是在描绘从我眼前掠过的，十分真切的人、物、情、景的一幅幅画面。我手里握着的不是笔，是兵士手里的枪，是舟子手中的桨，是伐木者手中的斧子。而从那支枪里发出的一万多颗火热的子弹，从那支桨下划起一万多朵冰冷的浪花，从那斧子砍下的一万多根尖利的树枝，都朝着我的'心'射来、溅来、刺来……使得我这一篇最长的散文，成了我不敢重读的从我血淋淋的心中流出来的充满了血泪的文字！"

厨川白村在《近代文学十讲》中是这样评价的："《南归》只

是两万多字的一个中篇,但这却是冰心女士最长的作品。与其说是小说,还不如说是回想录更来得尊重作者一些。她不是拿幻想的事实来娱乐我们,而是拿她的一颗真诚的女儿的心热烈的托出来献给我们。她一方面是在苦痛的追忆她那死去的母亲,一方面却是要一些同情于她的或与她遭遇相同的人互通灵魂上的交感。这是至情至性的文字,虽然全篇所写的只是她的母亲之死的记录,她的母亲病前每日的征象。作者尝味了苦,但这苦里却包含了甜蜜。比如明知母亲是活不长久了等段落写到,做女儿的冰心却要瞒着老人家,说是她的病有希望!这是乐中之苦,然而也是苦中之乐!此外像父亲做寿,有意要母亲装新娘子,寿堂里空一个位子……都写得很煊赫,然而也就愈使读者感到悲哀,愈使读者感到甜蜜;所谓花钱看悲剧,去买眼泪,就是这种道理。"

《南归》早期版本

《南归》在冰心的心里占据如此重要的地位,同样,它在冰心的散文作品中也有特殊的地位和意义。冰心早期的作品,特别是散文作品,因为追求语言和文字的美,运用着诗化的语言,句式短小,一般都在10个字以内;但用字遣词清新隽永,又多有不同的修辞手法,如比喻、拟人、排比、重复、对偶等等——说是典型的"美文"也不为过。《南归》则鲜明地不同以往的作品。乍看之下,显得行文烦琐,用字如泼墨,似记流水账,平平淡淡;再深入读去,又有些语无伦次,下笔啰唆,更有味如嚼蜡之感——只是,仿佛有种特别的压抑感充盈着你的大脑,压迫着你的神经,隐隐得似乎暗流汹涌之上的那一摊平静的湖水,疾风暴雨前的那一缕微弱的阳光。

"而心中的怔忡,孤悬,恐怖,依恋,在不语无言之中,只有钟和灯知道了!""门外是笑骂声,叫卖声,喧呶声,争竞声;杂着油味,垢腻味,烟味,咸味,阴天味;一片的拥挤,窒塞,纷扰,叫嚣!我忍住呼吸,闭着眼。"……

这偶尔的短句,依然的排比,却不见了"美",只有压抑,压抑着的神经!

正因为有了这样的压抑,即便是之后的文句,如"孩子们快乐的歌唱跳跃,在我眼泪模糊之中,这些都是针针的痛刺!""有谁经过这种的痛苦?……能使青年人老,老年人死,在天堂上的人,下了地狱!世间有这样痛苦的人呵,你们都有了我的最深极厚的同情!"

这样的苦痛的联想,也一样被压抑着不觉得悲痛,甚至显得些许的麻木和出奇的理智;这是为什么呢?

因为,真正的悲伤往往在貌似麻木之后。

"这时我如同痴了似的,……母亲呼吸已经停止了……我们从此是无母之人了,呜呼痛哉!"母亲,去了,"我们从此是无母之人了"——这是文中第二次出现这样的话,但是,如同文中冰心写给文藻的信一样显得"很镇定"。

然而,到了第二天早起,小侄女小菊"穿着白衣,系着白带,白鞋白袜,戴着小蓝呢白边帽子,有说不出的飘逸和可爱。在殡仪馆大家没有工夫顾到她,她自在母亲榻旁,摘着花圈上的花朵玩耍。等到黄昏事毕回来,上了楼,尽了梯级,正在大家彷徨无主,不知往哪里走,不知说什么好的时候,她忽然大哭说:'找奶奶,找奶奶。奶奶哪里去了?怎么不回来了!'抱着她的张妈,忍不住先哭了,我们都不由自主的号啕大哭起来。"

请原谅不厌其烦地引了这么长的一段,但是,就是这段话,才使得读者与作者的感情第一次一同毫无顾忌地迸发出来!小菊的

"白",小菊的"飘逸"和"可爱",似乎与悲伤不着边际。我们似乎可以想象,冰心貌似悠然地落笔写着小菊自在地玩耍,大家"上了楼,尽了梯级",却"不知往哪里走,不知说什么好的时候",小菊忽然大哭说:"找奶奶,找奶奶。奶奶哪里去了?怎么不回来了!"——天啊,这时旁观的你我,难道还能不跟着作者一起潸然泪下吗?

这样的一种描写,如果不是身处其境,如果不是记忆深刻,怎能写得出来?冰心散文的"真"在此一览无遗。

此后的行文又貌似繁冗拖沓,不耐其烦,如同早春那淅淅沥沥的剪不断理还乱的梅雨。一天一天地记录着,一次一次地摘录写给别人的信——生怕这文章一下就写完了似的!

这时,冰心的弟弟"杰"回来了。他,"笑容满面,脱下帽子在手里,奔了进来。一声叫'妈'……"!如同冰心所说,她的笔无法描写当时"惊痛骇疾"的万一,我们一样无法想象那种骤然痛失的场景,我们能够看到的听到的,也只有"他垂下头便倒在地上,双手抱住父亲的腿,猛咽得闭过气去。缓了一缓,他才哭喊了出来,说:'你们为什么不早告诉我!你们为什么不早告诉我!'"

读者的心灵再一次被直白的笔墨所震撼,最真实的才是最永恒的。

行文至此,感情的澎湃已经不是笔墨所能左右的了;几天后,小菊,又是小菊,在"钢棺降下地面时,万千静默之中","忽然大哭起来,挣出张妈的怀抱,向前走着说:'奶奶掉下去了!我要下去看看,我要下去看看!'"

……

几个月过去了,冰心的小弟弟"海外的楫"也回来了,"他哽咽了,俯下来,埋头在我的衾上",哭着说:"你们为什么不早告诉我?"

两句"你们为什么不早告诉我",还有小菊的那两声"奶奶"——

这不是行文上的所谓"呼应"！这是全人类所共有的真真切切的情感啊！

此时，再让我们回过头来，看看全文开头的那一段冰心本人写作本文时最为激动而又隐藏得最深的话："大家颤栗相顾，都已做了无母之儿，海枯石烂，世界上慈怜温柔的恩福，是没有我们的份了！我纵然尽写出这深悲极恸的往事，我还能在你们心中，加上多少痛楚？！我还能在你们心中，加上多少痛楚？！"

为什么，《南归》使得冰心先生"不敢轻易翻看"？难道是因为这段话出现在全文的开头，使得她再也不忍卒读？一句"无母之儿"如千斤石门般，连作者本人都被困住了！

而，我们呢？因为不是作者，所以无法体会到行文伊始，作者竟如此"深悲极恸"；但是，因为我们一样是人类中的一员，所以又能够在作者的文里感同身受啊。

但愿，我们与作者一样，永远记着"母亲是死去了，幸而还有爱我们的姊姊，紧紧的将我们搂在一起"，也愿我们最终，和冰心先生一起"成为一个像母亲那样的人"！

2.《冰心全集》

1931年春天，冰心到东安市场。在一个书摊上，她意外地看到一本《冰心女士全集续编》的书来。她心里讶异，怎么自己都没见过这本书。随手翻起目录，倒是让她气愤不已，原来里面收了几篇什么《我不知为你洒了多少眼泪》《安慰》《疯了的父亲》《给哥哥的一封信》的文章，却不是她写的，文字粗鄙不堪，思想也相去甚远。这是坊间的盗版书无疑了。之后，有几个朋友给冰心送来了几本花花绿绿的所谓"冰心女士文集"。一看之下，有的内容倒都是她的，但封面粗俗，印刷粗糙，上面印着"上海新文学社""北平合成书社"等等听都没听过的山寨出版社。

《冰心全集》1932年北新书局版

　　气愤的不只是冰心，还有几家正规的印行。北新书局、开明书局都来人跟她商量，要她控诉禁止，说市面上，盗版的书比正版的书还多。冰心无奈，写了委托信，请各印行去全权办理。可是过了一段时间，还是屡禁不止，收效甚微。后来，据不完全统计，仅1931年，署名"冰心"的盗版书前后有130余种之多。

　　这时，北新书局的人提议，让冰心自己把作品整理整理，出一套全集来，以正视听。冰心觉得为了杜绝盗版行径，这倒不失为一个好办法。于是，她下了决心，来编一本自己之前想都不敢想的全集。因为此前，鲁迅未出版全集，胡适也只有文存，如果出版，就将是中国现代文学史上的第一部作家个人全集。

　　此后，1932年到1933年，《冰心全集》由北新书局出版发行，第一册为小说集，第二册为诗集，第三册为散文集，在序言《我的文学生活》中，冰心第一次坦露了她的生平与创作详情。时年，冰心年方33岁。

3. 欧美游学

一转眼,冰心在燕大授课已经十个年头,吴文藻也快 7 年了。司徒雷登为了将燕大办成世界一流的大学,在延揽人才方面,可谓不遗余力。除了高薪水,稳定的住房条件,宽松的学术自由等等之外,还有一条措施:教授在为学校服务 6 年后,有一年的时间用来休假、进修或赴国外游学。

1936 年夏,冰心吴文藻在赴欧美游学的邮轮上

因此，司徒雷登再次为吴文藻前往欧美游学，向美国天津总领事馆与西雅图移民局致函，告知吴文藻教授及夫人谢婉莹，接受美国洛克菲勒基金会资助，前往欧美进行学术访问，并代表燕京大学出席哈佛大学300周年纪念活动等等事宜。吴文藻早就想利用这一年的休假，到欧美一些重要的大学与研究机构，考察近年社会学、人类学等学科发展的情况。同时，为他的几位门下高足寻找合适的留学导师，规划未来的学业方向。作为一名作家，冰心则想去看看人类现代文明的发祥地欧洲，享受一下恬静的生活。于是，他们将宗生和宗远，托付给吴文藻的母亲，两人轻装上阵，于1936年8月13日，上路了。

夫妇二人先到了日本稍作停留，便前往美国。9月10日，他们代表燕京大学出席哈佛大学建校300周年庆典，吴文藻代表燕京大学致辞，并到哈佛燕京学社参观，作午餐演讲。吴文藻演讲的内容是哈佛燕京学社对燕京大学图书馆的作用，冰心演讲的是哈佛燕京学社资助出版的情况，她作为《燕京学刊》的编委，主要讲了《燕京学刊》与《引得》两种杂志的学术地位与影响。

离开美国，他们乘坐新造的玛利亚皇后号轮船横渡大西洋，前往英国。到了英国，吴文藻便马不停蹄地开始了他在牛津大学、伦敦大学等研究机构的访问和学习，埋首在他的学术世界里去了。冰心则在一些留学生的陪伴下，外出逛街，看演出，坐地道车，倒也优哉游哉。

从伦敦出发，他们又前往罗马、佛罗伦萨、威尼斯、米兰、日内瓦和巴黎。一路奔波下来，两人都有些疲惫，便在巴黎小住一百来天。此时的吴文藻又开始紧张忙碌和兴奋起来，他着手整理此行的访问成果，开始修订、增编《西洋社会思想史》讲义。冰心倒是彻底放松下来，除了一次"到会听讲者众，极巴黎一时之盛"的演讲。1937年2月14日，西方的情人节当天，在巴黎拉丁区中法友谊会，冰心在盛意难却之下，做了一次完全是即兴发挥张口即来的演讲。讲的是从北平出发，直到巴黎的一路所见与所思。由于听讲的对象大多是中国留学生，她也便将一路做来所见的日本、美国、英国、意大利的观感与中国现状对照起来，不仅形象生动，而且有独到的见解。

有趣的是，二人到了巴黎没有多久的一天，冰心偶感身体不适，胃口不好，便去看医生，结果居然是怀孕了。这个时候来到冰心身边的小生命就是后来取名宗黎的小女儿，即是纪念巴黎的意思。

冰心曾说，在巴黎度过的一百天，成了她一生中最美的回忆！

按照安排，他们从巴黎前往柏林，未多做停留，又重返法国，参观了在巴黎举行的世界博览会。吴文藻还应邀和主动出席过好几场博览会的论坛，可惜当时的中国没有参加巴黎世博会。

离开法国之后，夫妇二人前往罗马尼亚，也是短暂停留，便乘火车来到了莫斯科。6月下旬，他们终于由莫斯科乘火车，经西伯利亚，从满洲里入关。在29日，回到北平，结束了近一年的行程。

冰心吴文藻此行几乎环游地球一圈，时间跨度长达321天。唯一可惜的是，如此丰富的经历，冰心却未曾写下只言片语，可谓一大憾事！不过，如此闲适的一年游历，对于冰心来说，却是真正的享受人生。

4. 冰心默庐

1937年7月7日，一个任何一名中国人都不会忘记也不能忘记的日子——日本帝国主义在这一天悍然发动了"卢沟桥事变"！个人安排同国家命运紧紧联系在一起。

7月28日，北平沦陷。尽管司徒雷登再三挽留，冰心和吴文藻依然决定，如果不能上前线去打仗，就到大后方去，为抗战尽一份力量，而不是留在北平躲在美国的保护之下。冰心一方面与吴文藻一起参加秘密的抗日救亡运动，一方面作好撤出北平，转移到后方抗日的准备。

于是，他们将燕南园60号小楼内的东西，送人的送人，捐赠的捐赠，变卖的变卖；独独留下吴文藻二十年来的日记和自己留美三年的日记，二人交往六年中的往来书信，以及收藏的善本书、字画、图册和教学笔记等等，装在十五个大箱子里，寄藏在燕大教学楼的阁楼上，锁好，并贴了封条。就此，二人告别尚留在北平的谢葆璋，于1938年9月，举家南下，辗转来到云南昆明。

昆明，又称春城，四季如春，鲜花似海。位于昆明的云南大学，前身是私立东陆大学，1934年改称省立云南大学，熊庆来于1937年7月来此出任校长。吴文藻正是应熊庆来的邀请来此任教，开办"人类学讲座"，设立社会学系，并任系主任。

战火纷飞的中国，没有片刻的安宁，即使身处大后方，也是如此。冰心一家在昆明没住多久，日本飞机便开始对昆明不断地侵入、轰炸，他们只好跟随人们一起疏散到郊外去。1939年夏末，他们先是住到了郊外呈贡的文庙。此前，西南联大国情普查所在所长戴世光教授的安排下已经住了进来。为了欢迎女作家的到来，戴世光专书楹联一副："半间东倒西歪屋，一个千锤百炼人。"这里虽然人气很高其乐融融，但毕竟太小，冰心便托人另外找房子。

找来找去，呈贡城内东北部有一座三台山，山腰间有一座小庭院，周围没有人家，上山的路是崎岖不平，这个地方本是斗南村华姓大户守墓的地方，名为"华氏墓庐"。庭院外有一长十余米的围墙，开了一道木门，进去之后一处小院子，有坐西向东的正房三间，一楼一底，楼上有回廊，正对东方，早起的时候，一道日光直照进来，别有味道。楼房后面的窗子则正对西方，远望出去，依稀可见滇池和西山，屋后是古老的苍松翠柏，还有群山良田环绕，环境极是幽美。冰心一看，很是满意。几番周折之下，便在此次租了下来。

一家人终是有了落脚之所，虽然此处僻静，但也相对安定。冰

冰心默庐

冰心默庐

心看着门前"华氏墓庐"的牌子,心里默念,从几年前远游欧美到如今颠沛流离,世事动荡,一个柔弱女子只有沉默——这"墓庐"岂非如同"默庐"了,随改之。然而,真能再沉默下去吗?她又拿起了手中的笔。

"呈贡山居的环境,实在比我北平西郊的住所,还静,还美。""我的寓楼,后窗朝西,书案便设在窗下,只在窗下,呈贡八景,已可见其三,北望是'凤岭松峦',前望是'海潮夕照',南望是'渔浦星灯'。"冰心在《默庐试笔》中写道,然后她文锋一转:"在这里住得妥帖,快乐,安稳,而旧友来到,欣赏默庐之外,谈锋又往往引到北平。……我离开北平以后,从未梦见过北平,足见我控制得相当之决绝——而且我试笔之顷,意马奔驰,在我自己惊觉之先,我已在纸上写出我是在苦恋着北平。""北平死去了!我至爱苦恋的北平,在不挣扎不抵抗之后,断续呻吟了几声,便恹然死去了!""五光十色的旗帜都高高的悬起了:日本旗,意大利旗,美国旗,英国旗,黄卐字旗,红十字旗……""我恨了这美丽尊严的皮囊,躯壳!我走,我回顾这尊严美丽,瞠目瞪视的皮囊,没有一星留恋。在那高山丛林中,我仰首看到了——面飘扬的青天白日的旗帜,我站在旗影下,我走,我要走到天之涯,地之角,抖拂身上的怨尘恨土,深深地呼吸一下兴奋新鲜的朝气;我再走,我要捐着这方旗帜,来召集一星星的尊严美丽的灵魂,杀入那美丽尊严的躯壳!"

国破城犹在,旗换花鸟惊!远在云南的冰心依然苦恋着北平,恨不能捐着旗帜,杀入北平"那美丽尊严的躯壳!"只是,她一个弱女子,除了将手中的笔作为匕首,刺破宁静的文坛夜空之外,还能做什么?有的,她想到了教育。

随着昆明的疏散,呈贡的居住人口剧增,呈贡简易师范学校的学生也随之增加。学校的校长得知冰心来到此地,便慕名前来拜访,并请冰心担任学校的教师,加强师资力量,应对教学压力。冰心一听,欣然应允。这时，校长倒不好意思起来，坦承学校经费紧张，教师的工资会很低，生怕冰心介意。冰心毫不犹豫地说："我到学校义务教课，不要任何报酬……"

就这样，冰心重新拿起教鞭，前往呈贡简易师范学校授课。尽管学校的课程比起燕大来说简单不少，但她用心备课尽心授课不说，还发现学校只招收男生，不招收女生。冰心便给学校领导建议，谈时代的发展早已离不开教育的平等，并说起北平学校的办学模式。通过她的不断努力，学校不久后开始了第一次招收女学生。

此外，冰心为学校写了校歌："西山苍苍滇海长，绿原上面是家乡。师生济济聚一堂，切磋弦诵乐未央。谨信弘毅，校训莫忘。来日正多艰，任重道又远，努力奋发自强，为己（引者注：后改为'为国'）造福，为校（引者注：后改为'为民'）增光。"题了校训："谨信弘毅。"晚年，冰心又补了"任重道远"，题给学校。

在呈贡的日子里，因为僻静而且空间不小，"冰心默庐"倒是常"谈笑有鸿儒"。西南联大、云南大学的教授们，还有从北平过来的老朋友常来此聚会。有一回，他们请清华大学校长、西南联大常务委员会主席梅贻琦，和郑天挺、杨振声、陈雪屏等老清华同学到家里度周末。冰心一时兴起，写了一首嘲笑吴文藻的宝塔诗：

马

香丁

羽毛纱

样样都差

傻姑爷到家

说起真是笑话

教育原来在清华

蔡林慎所绘歌乐山图

　　说起其中的典故，不免令人莞尔。"马"，说的是有一次，吴文藻随冰心去城内看岳父，冰心让他上街为孩子买点心：萨其马。小孩子不会说全名，一般说"马"。吴先生到了点心铺，也不记得全名，只好一个劲说买"马"……"香丁"，说的是有一次乔迁新居后，在一个阳光明媚的早晨，冰心和婆婆等人都在楼前赏花。老夫人让冰心将吴先生也请来共赏鲜花，吴先生正读着书，又不好拂老人家的美意，便硬着头皮来。可惜人来了心没带来，站在丁香树前，随口应付着问冰心："这是什么花？"冰心故意逗他说："这是香丁。"吴先生诺诺应之："呵，香丁，原来是香丁。"……"羽

毛纱"，则说的是，冰心让吴先生去"东昇祥"布店买一件双丝葛的夹袍面子送父亲，结果吴先生到了布店，却说要买羽毛纱。幸亏那个店老板平日和谢家有来往，就打电话问冰心："您要买一丈多的羽毛纱做什么？"谢家人听后都大笑起来，成了当天的茶余谈资。冰心哭笑不得，只好说："他真是一个傻姑爷。"谢葆璋也不饶她，笑着说："这傻姑爷可不是我替你挑的！"

　　冰心写完宝塔诗，递给梅校长。没想到，已知这些故事的梅校长看完，只哈哈一笑，提笔补了两句：

> 冰心女士眼力不佳
> 书呆子怎配得交际花

在场的清华老同学看过,都笑了,笑得甚是得意。冰心自然不是"交际花",吴文藻当然也不是"书呆子",最后,她也只好自认"作法自毙"了。

5. "潜庐"与《关于女人》

1940年底,宋美龄以威尔斯利女子学院校友的名义,邀请冰心到重庆去参加抗日工作,出任"新生活运动促进总会妇女指导委员会"文化事业组组长。于是,冰心吴文藻一家动身前往彼时抗战的中心重庆。然,志不同道不合,1941年,冰心遂递了辞呈,坚辞组长的职务,退还工资,避居重庆郊外。

冰心的新居林家庙5号,坐落在歌乐山的半山腰处。她把这里称作"潜庐",寓意潜藏而居。大大小小的六间屋子,在冰心的安排下井井有条,还单独辟出一间小书房,取名为"力构小窗",这是因为她向来坚持"须有自来,不以力构"的写作原则。

此时,吴文藻的一位老同学刘英士,在重庆主持《星期评论》(重庆版),梁实秋以子佳的笔名,在此开设专栏"雅舍小品",颇得读者喜爱。他便找上门来,希望冰心也在刊物上开设专栏。于是,在《星期评论》的第8期上,就刊出了《关于女人》的第一篇文章,是为《我最尊敬体贴他们》,署名"男士"。她为何不用笔名"冰心",却改用"男士"呢?冰心后来说:"这几篇东西不是用'冰心'的笔名来写,我可以'不负责任',开点玩笑时也可以自由一些。""这就好像一个孩子,背着大人做了一件利己而不损人的淘气事儿,自己虽然很高兴,很痛快,但也只能对最知心的好朋友,悄悄地说说。"其实,除开这个原因,她还考虑到"妇指会"的事情,不愿意国民

《关于女人》各类版本

党当权者来纠缠她。

从1941年1月至12月，冰心陆续发表了写了九篇《关于女人》的文章，分别是：《我最尊敬体贴她们》《我的择偶条件》《我的母亲》《我的教师》《叫我老头子的弟妇》《请我自己想法子的弟妇》《使我心疼头痛的弟妇》《我的奶娘》《我的同班》。

文章甫一面世，便受到了文化界和广大读者的热烈欢迎。叶圣陶就以翰先为笔名，在《国文杂志》上，把《我的同班》作为范文，进行了评讲。叶圣陶评论道："'男士'当然是笔名，究竟是谁，无法考查。但据'文坛消息家'说，作者便是大家熟悉的冰心女士。从题取笔名的心理着想，也许是真的。现在假定他真，那末，冰心女士的作风改变了，她已经舍弃她的柔细清丽，转向着苍劲朴茂。"

1943年春，冰心又将《我的同学》《我的朋友的太太》《我的学生》《我的房东》《我的邻居》《张嫂》《我的朋友的母亲》等七篇文章，合在之前的九篇一起，由天地出版社，发行了单行本的《关于女人》。

这本《关于女人》，形象生动地描绘了14名形态各异的女性，文风幽默风趣，用笔老练精到，与她过去的作品风格有着明显的不同，因而在冰心的作品群中具有独特的艺术魅力，既在字里行间中吐露出了自己真实的情形，而又不露痕迹，真是妙趣横生，引人入胜。很快，它就成了一本畅销书。一版，再版，数版，连冰心自己也说："国内各报的'文坛消息'上，都在鼓吹着'《关于女人》销路极畅'，而在美国的女朋友，向我索书的时候，还摘录美国的文艺杂志，称誉《关于女人》为：'The Best—Seller in Chingking'（重庆的畅销书）"。

生活中的冰心，也不闲着，歌乐山上的"潜庐"又一次成为文人学者乐此不疲的去处。老舍是最喜欢来的，也是最受冰心儿女们欢迎的客人，他们都亲切地喊他"舒伯伯"。有一次，老舍带来了郭沫若写的条幅，是给冰心的赠诗：

怪道新词少，病依江上楼。

碧帘锁烟霭，红烛映清波。

婉婉唱随乐，殷殷家国忧。

微怜松石瘦，贞静立山头。

首联说冰心当时因病而创作少了，修养在此，次联写了潜庐的景色，三联称赞冰心婉约的文风和忧国忧民的情怀，末联则赞誉冰心有着如松石般坚贞的品质，独立的人格"贞静"地傲立在世事的山巅。果真如此啊！

6. 外交官夫人

1945年9月2日，日本正式签字投降，由中英美苏四国共管。各国都要指派一个军事代表团到日本。

此后，吴文藻应盟国对日委员会中华民国驻日代表团团长朱世明的邀请，出任第二组（政治外交）组长兼任盟国对日委员会中国代表。朱世明是吴文藻在清华时的同学，他的夫人谢文秋又是冰心的同窗好友。吴文藻接到邀请，动了社会学研究的念头，想去考察日本的天皇制度、新宪法、新政党、财阀体制以及工人运动的情况，应允了。随后，吴文藻从南京随代表团远赴日本东京。

1946年11月13日，冰心从上海前往东京。夜幕下的东京，灰暗寂寞荒凉。吴文藻在羽田机场接到了冰心母女。车子缓缓地开进东京城区，冷冷清清的街道更是一片狼藉，冰心的心里莫名地心惊，起了无名的怒火，战争不仅给中国带来了灾难，同样给日本的普通民众带去了无法抹去的痛苦。冰心在后来的文中写道："那是一九四六年的冬天，我在一个灰暗的黄昏，到达羽田机场，一片寂寞荒凉的地面，只有穿着军服的美国人，在趾高气扬地来来往往。从羽田到东京的路上，汽车在崎岖的大道上飞驰，穿过轰炸后的废

1946 年，冰心和丈夫吴文藻赴日

墟，两旁没有一星灯火，路边没有一个行人！在到达东京市内的时候，我看见路旁的瓦砾场中，有一座焚余的洋灰储藏室，小塔似的孤立着，半开的铁门，仿佛是一只无神的眼睛，向着无边的黑暗瞪视。白天我出去看看，战前最繁华的银座街，大百货公司中几乎空无所有，倒是行人道边的贩卖纪念品的小摊上，闹闹嚷嚷，尽是歪戴着船形帽的美国兵，高声嬉笑地拥来拥去。这一年的除夕，我又到银座，想看看除夕有什么景象，我所看到的是一条黑暗死寂的街市，只有缩着头的警察顶着寒风，提着昏暗的灯笼，在空虚的大道上行地走着。这夜虽然没有听见辞岁的钟声——寺庙里的铜钟，都被迫捐献出来做了武器了——我也没有睡着！"

有一天，在中国代表团的接待处，来了一个日本的农村妇女，说是从很远的地方跑来东京，特地要拜访冰心。

原来冰心来到日本不久，曾应《朝日新闻》的约稿，发表了《给日本的女性》一文。文章用抒情的笔调，婉约的文字，描述了作者来东京前的一段心路历程，在中国"八年的痛苦流离，深忧痛恨"，使她坚信自己信奉的"爱的哲学"是安抚人心灵的良药。文中说："世界上最大的威力，不是旋风般的飞机，巨雷般的大炮，鲨鱼般的战舰，以及一切摧残毁灭的武器……拥有最大威力的，还是飞机大炮后面，沉着的驾驶射击的、有血、有肉、有情感、有理智的人类。机器是无知的，人类是有爱的。"末了，冰心向战败国中同样遭受苦难的异国女性传达她内心深处永不改变的想法："母亲的爱是慈爱的，是温柔的，是容忍的，是宽大的；但同时也是最严正的，最强烈的，最抵御的，最富有正义感的！"

文章的观点，一目了然，冰心把未来的和平的希望，都寄托在各国妇女中充满了正义感的母性光辉，希望各国的母亲，都来"阻止一切侵略者的麻醉蒙蔽的教育"，都来"阻止一切以神圣科学发明作为战争工具的制造"，都来"阻止一切使人类互相残杀毁灭的错误歪曲的宣传"。她希望全世界的母亲都要学会教育自己的孩子,让他们知道,战争是不道德的,仇恨是无终止的,暴力和侵略终究是要失败的。让他们知道:"世界是和平的,人类是自由的,民族与民族,国家与家之间,只有爱,只有互助,才能达到永久的安乐与和平。"最后,冰心向日本的女性提出:"让我们携起手来吧,我们要领导着我们天真纯洁的儿女们,在亚东日荒凉的瓦砾场上,重建起一座殷实富丽的乡村和城市,隔着洋海同情和爱的情感,像

1949年元旦,冰心、吴文藻与孩子们在日本照的全家福。

海风一样,永远和煦地交流!"

这位日本农妇就是在报纸上看到冰心的这一篇《给日本的女性》,深受感动和鼓舞。她在代表团人员的引导下来到冰心的住处,向冰心说明自己是看了报纸后,特意从乡下赶来东京,一定要见见这位写文章的同为女性的冰心本人。

冰心连忙紧紧握着这位农妇的手,坚定而有力。农妇激动地泪流满面,极其恳切地对冰心说:"我实在没有想到中国人民如此善良!我痛恨我的儿子到中国去作战,这样的战死,实在是一种羞辱!"说完这几句话,农妇便失声痛哭起来。冰心耐心地劝慰她,诉说着同为母亲的感受,让她的心情慢慢地平静下来。农妇却一再向冰心道歉,并表达感谢,临走的时候,深深地向冰心鞠躬行礼。

(二)归来以后

1. 踏上故土

1949年10月1日,毛泽东主席在北京的天安门城楼上,庄严地向世界宣布:中华人民共和国中央人民政府成立啦!中国人民从此站起来啦!

远在异国他乡的冰心吴文藻夫妇听到这一特大喜讯,内心久不能平静。他们想家了!

彼时,在中国驻日代表团成员中,有一位中共地下党员,叫谢南光。他与冰心夫妇关系很好,经常有意无意地带了毛主席的《新民主主义论》《论人民民主专政》《论持久战》等著作,给冰心夫妇看,同时不间断地向他们传递着祖国传来的好消息。他们一点点地向祖国靠拢。

这时,儿子吴宗生已在东京的美国学校读完高中。许多朋友向冰心夫妇提议把儿子送到美国上大学。但是冰心不同意,宗生也不同意,他们都想回中国去。不过,这样的说法倒是给了冰心家里一个主意。

正所谓,明修栈道暗度陈仓。冰心先假意接受了朋友们的建议,说要先送儿子到香港进修,并买了一张从日本神户开往香港的船票,让大家都以为宗生即将前往香港上学。实际上,在临行前,冰心、吴文藻特地写了一封信,缝在他的裤腰里,千叮万嘱他路上千万小心,一定要把信交到新中国的有关部门手中。

吴宗生所乘坐的船停靠在天津塘沽的时候,他便按父母的吩咐,摆脱其他人的视线,独自悄悄地下了船。然后,又自己一个人取道塘沽辗转回到了北京,在友人的帮助下,与新中国的有关方面取得了联系。儿子成了冰心夫妇与祖国联系的"桥梁",祖国听到了冰心夫妇内心期盼的声音!

之后,吴宗生在相关部门的安排下,进入北京大学学习,根据他自己的意愿,就读建筑系,后来又转入清华大学。因此,他既做了母亲的校友(新中国成立后,燕京大学并入北京大学),又成了父亲的校友。

而身在日本的冰心夫妇,正心急如焚,一筹莫展。不料,有一天,美国耶鲁大学给吴文藻寄来聘书和路费,聘请他在其外国地区研究系与国际问题研究所工作,同时安排他们全家赴美国定居。真是踏破铁鞋无觅处,得来全不费功夫。冰心夫妇故技重施,这一次就公开说要到美国去教书,冰心还特意到东京的国际学校为吴宗远、吴宗黎办理转学手续,并说早已安排妥当,准备转到美国耶鲁大学附近的女子中学去。不了解内情的宗黎十分不理解,冲进父亲的房间质问,说你们平时老说美国怎么怎么不好,现在却还是要去美国——要去,你们去,我不去,我要回祖国!但是,真正的想法又怎么能让小孩子知晓呢?

按部就班,吴文藻向台湾当局申请签发赴美国任教移居的"护照"。台湾没看出问题来,以为他们真的是去美国,一个星期左右就签发了

"护照"。在东京的住所里,冰心和吴文藻正紧张而秘密地收拾着。没人帮忙,就是他们自己。吴文藻连一张纸片也不放过,几年来他收集来的所有资料,不论是社会学材料还是政治文件都由他一手装箱。最后,装完一清点,居然又是一个15箱!想当初,在北平,日本人取走了他们珍藏的15箱珍宝;现在,他们要从日本带回同样是"珍宝"的15箱秘密文件——这应该算是送给新中国的一份厚礼吧!细致的吴文藻——编号,并且记住了每一箱中装的东西,因为箱子都是一个样式,也只有吴文藻一个人知道每一个箱子的分量。除此之外的其他物品,诸如貂皮大衣与手袋,收音机、缝纫机、压面机、英文打字机等,还有日本的古玩、字画、书刊这些,则是装在另外式样的箱子里。另外,汽车送给了谢南光,家具也原封不动地留下。

准备妥当,8月23日,为了不致引起国民党方面的怀疑,冰心又声称要先到香港置装。在日本的横滨港码头,吴文藻、冰心、宗远、宗黎堂而皇之地登上了一艘印度的轮船,又是悄然无息地离开了日本,前往香港。

8月28日,轮船在香港停靠,国内驻港的工作人员把冰心一家接走。当时香港移民局对过往人员控制很严,必须有人担保,方可入境。有关方面早已请了定居香港,并且跟冰心熟识的原燕京大学国文系主任马鉴出面担保,马鉴的儿子马蒙还前去办理了有关手续,海关才准予入境。为了躲避监视,保守回国秘密,冰心一家没有住进宾馆,而是选择在友人家住下。与此同时,吴文藻为了不影响耶鲁大学的学校安排,赶紧将收到的聘书和2000美元路费又退了回去。

9月,冰心一家从香港来到广东,到达天津,被安排在紫竹林附近一处僻静的招待所里,由安全部门负责安排,并"约法三章":不露面、不见媒体、不写文章。有关负责人表示,他们的回归,对新中国而言是个好消息,党和政府非常欢迎,但由于对接任务的需要,以及还有与二人相识的进步人士暂留日本,所以,需要隐名埋姓。因此，他们开始与外界隔绝，并接受相关调查，了解与介绍情况，移交资料等。同时，吴文藻则把那宝贵的15箱资料交给了有关部门，算是了却了一桩心愿。此后大概将近两年的时间里，为了保护和不受影响，冰心和吴文藻的归国一事，一直处于保密状态。

在踏上祖国土地的那一刻，当第一次见到鲜艳的五星红旗之时，冰心的内心是无比的激动与幸福，她写道："这是我朝思暮想的第一面五星红旗！从黑暗走向光明，我感到眼花缭乱！"

2. 文化使者

1951年冬，冰心一家终于回到北京，与先期到来的儿子团聚了。他们一起被安排住进崇文门内洋溢胡同7号一座四合院里，两个女儿也被安排到北京女子第十三中学就读，学校的前身就是母亲的贝满女中，只是要求不能用原来的名字，吴宗远改名吴冰、吴宗黎改名吴青，吴宗生也改名叫吴平了。

1952年初夏的一天傍晚，中央军委联络与情报部门的负责人罗青长专程来接冰心吴文藻，到中南海西花厅。周恩来总理和夫人邓颖超要跟他们会面。总理见面的第一句话就是，你们回来了，好呵！这"回来"二字，顿时令冰心和吴文藻放下了紧张的情绪，这是对他们不见外啊。随后，周总理详细地询问了他们在日本的情况，尽管相关的内容他早已了然于胸。冰心和吴文藻就把这段经历，简段截说地向周总理作了汇报。周总理说："你们在日本，为我们国家做了许多有益的工作，你们是有贡献的。"甚至，他还跟冰心谈起十几年前在重庆文协会上见面的情形。冰心吃惊不小，仅此一面之缘，总理居然如数家珍，怎不令她心潮激荡呢。周总理还问起冰心的两个女儿："她们想学什么？""大的想学历史，小的想学医。"冰心如实回答。周总理想了想，说："年轻人从外国学来的语言，口音比较正确，你是不是可以跟孩子们商量商量，她们可不可以念外语？"后来，吴冰和吴青都读了外语专业，并成为北京外国语学院的教授。

见了总理之后，冰心家里陆续有闻讯而来的老友登门拜访。除老舍、郑振铎、叶圣陶、曹禺、丁玲等人之外，还有吴文藻的同学和学生潘光旦、费孝通、林耀华等也是常来。1953年7月，经由丁玲、老舍介绍，冰心加入中华全国文学工作者协会（简称全国文协）。会议当天，全国文协为冰心入会，另行举行了欢迎茶会，冰心见到了老朋友巴金。

1953年9月23日至10月4日，中国文学艺术工作者第二次代表大会在北京举行。冰心作为代表出席了大会，并在会上作了发言。经过推选，她被选为中国文学艺术界第二届全国委员会委员，同时参加了全国文协会员代表大会。归来之后，冰心首次公开露面，参

| 1958年10月，冰心在亚非国家作家会议上发表讲话

加文学与社会活动。

也是在这次大会的简报上,冰心的名字和她的发言,首次在社会上展示出来。消失了多年的女作家冰心,终于浮出了水面,现身北京,投身到新中国的建设事业中。香港《大公报》以北京专讯的方式,首发署名耕野的《女作家谢冰心回到了北京》,文章一面世,便在日本与美国等地引起反响。

在这个10月,全国文协更名为中国作家协会,并正式成立。冰心分配在中国作协下设的儿童文学组工作,冰心、张天翼任组长。与此同时,吴文藻的工作也确定下来,分配到中央民族学院担任教授。

一个月之后,应印度印中友好协会的邀请,中印友好协会派出访问团,对印度进行为期59天的访问。访问团成员共有6人,冰心赫然在列,代表的是新中国的新女性,要向国际社会展现中国女性温柔、美丽、睿智、贤惠、热爱生命与生活的形象。因此,她深感责任重大。

冰心果然不负众望,运用自己的外语特长,以不卑不亢的态度,成熟稳重而优雅得体的外交能力,赢得了众人的赞叹。访问团的副团长夏衍对冰心的外交能力与魅力,十分折服,说:"使我这个干了多年外事工作的人感到佩服。她那种不亢不卑,既有幽默又有节制的风度,我认为在这方面,我们文艺队伍中,可以说很少有人能和她比拟的。"

回到北京,有关方面对访问团的工作团进行了小结,从团长到团员、从副总理到外长,对冰心的外交能力给予了高度的评价,认为她为新中国的妇女争光,也为新中国的形象添彩。这一次在外交舞台上出色的表现,用当时的话来说,是"让祖国满意"。

此后,冰心作为新中国外交舞台上女性形象的大使,不断地出现在各类代表团中,向世界传递着来自新中国女性的声音。1955年4月,她再次被派往印度,参加以郭沫若为团长的中国代表团,出席在新德里召开的亚洲团结会议。六七月间,参加李德全为团长的中国妇女代表团,前往洛桑出席世界母亲大会,并对瑞士、法国和顺道的苏联、捷克进行访问。8月,再赴日本,出席禁止原子弹和氢弹世界大会。此后,从1957年开始到1963年,冰心曾代表中国先后前往埃及、瑞士、意大利、英国、苏联、日本等国家出席国际会议,进行参观访问和文化交流,成为新中国外事活动中的一道优雅靓丽的风景线。

1954年9月15日,中华人民共和国第一届全国人民代表大会开幕,冰心作为福建组的一员当选为全国人民代表大会代表。一年之后的11月底,冰心作为全国人大代表回到福建视察。"少小离家

冰心当选第一届全国人大代表的证书

老大回",她阔别故乡已经42年了。当再次踏上福州的土地时,她再一次看到"天下之最"的福州的健美的农妇:"她们皮肤白皙,乌黑的头发上插着上左右三条刀刃般雪亮的银簪子,穿着青色的衣裤,赤着脚,袖口和裤腿都挽了起来,肩上挑的是菜筐、水桶以及各种各色可以用肩膀挑起来的东西,健步如飞,充分挥洒出解放了的妇女的气派!这和我在山东看到的小脚女人跪在田地里做活的光景,心理上的苦乐有天壤之别。我的心底涌出了一种说不出来的痛快!在以后的几十年中,我也见到了日本、美国、英国、法国和苏联的农村妇女,觉得天下没有一个国家的农村妇女,能和我故乡的'三条簪'相比,在俊俏上,在勇健上,在打扮上,都差得太远了!"

在之后的一个月时间里,冰心参加了福州航管局职工子弟小学的少年造船厂的开工典礼,访问了鼓山后屿乡第二中心小学的少年农场、鳝樟乡年园艺场、福州第四中学、万寿小学的工厂,参观了鼓山的涌泉寺、西湖公园、闽侯的雪峰山、福建师范学院、省立医院等,观看了福州运动会的体操表演,参加诗歌朗诵会,出席了福州军区举行的新中国成立以来首次军官授衔仪式。同时,福建文化、教育界为冰心召开了盛大的欢迎会,会场内座无虚席。她面对着乡亲们,十分激动,还没开口说话,便被潮水般的掌声打断。

12月底,她从福州来到厦门,在集美拜访了陈嘉庚,参观了集美学村和鳌园,在厦门岛内又参观了厦门大学、鲁迅纪念馆、鼓浪屿、英雄山等地。所到之处,迎接她的是来自故乡亲人们的欢声笑语。

这次还乡之行,给冰心留下了深刻的印象。她不仅写作并出版了《还乡杂记》,还留下了珍贵的还乡日记。

3.《陶奇的暑期日记》《小橘灯》《再寄小读者》

1953年的7月,冰心着手创作中篇小说《陶奇的暑期日记》。其实,在回国以后,冰心便经常在思考,作为一名女性作家,她到底能为

《小橘灯》发表于《中国少年报》1957年1月31日

《陶奇的暑期日记》版本

新生的中国和刚刚走出困境的中国人民做些什么？这篇小说，正是冰心在长时间思考之后得出的结论，她开始进行有意识的主动性写作——为孩子写作，为儿童发声。冰心认为："给儿童写作，对象虽小，意义却不小，因为，儿童是大树的幼芽，为儿童服务的作品，必须激发他们高尚美好的情操，而描写的又必须是他们的日常生活中所接触关心，而能够理解、接受的事情。"

《陶奇的暑期日记》无疑是冰心为少年儿童写就的一篇力作："陶奇"谐音"淘气"，小姑娘陶奇在期末发过成绩报告之后，被张老师叫到办公室问话。张老师认为陶奇在作文方面没有发挥好，就送给她一本自己亲自订的日记本，让她坚持写暑期日记，练好作文。于是，陶奇就把暑假里发生的有趣、有意义的事情写在了日记本上。最后，暑期日记大功告成，陶奇也认识到了生活与做人的真谛。有些小读者看完《陶奇的暑期日记》，颇不服气，说要是由他来写，一定比陶奇写得好！——他们真的把"陶奇"的日记当成"真"的陶奇的日记了呢！

面对着祖国建设的日新月异，冰心一次次拿起手中的笔，为祖国颂歌，为儿童写作。曾多次被选入中学语文教材的《小橘灯》，同样是一篇适合少年儿童品读的佳作，原载于1957年1月31日的《中国少年报》，是冰心的应约而作。故事发生在1945年春节前夕，"我"在重庆郊外偶遇一位小姑娘，她在父失母病的艰难困苦中依然保持着勇敢、镇定、乐观的精神，并通过一盏小橘灯与其自然而巧妙地结合起来，寓意小橘灯给夜行的人照亮前进的道路，而小姑娘的美好人格则为人们带来了无穷的力量和信心。作品不事雕琢，语言通俗易懂，自然流畅，以简驭繁，一经刊发，小读者们的来信如雪花般纷至沓来……

颇为意外的是，《小橘灯》的文体属于散文还是小说，至今仍多有争议。纵观冰心一生所作，散文凡900余篇，在其创作生涯中，基本上月均1篇；而可以被视为小说的作品，仅70余篇，正好年均1篇，比之散文，是不能等量齐观的。同样，冰心在此时期创作的作品以散文居多，《观舞记》《樱花赞》《拾穗小札》等等美文佳作问世，广受好评，多次被选入中小学生课文。

值得一提的还有《再寄小读者》的十四篇通讯，写于1958年3月11日至1959年10月14日。其实，在1942年12月12日至1944年12月1日，冰心就曾写过一组《再寄小读者》的四篇通讯。这次重写《再寄小读者》，距离上一次，已经16年；距离冰心最早的《寄小读者》，则已经过去了35年。当她应《人民日报》副刊编辑之约，再次写作《再寄小读者》时，祖国已旧貌换新颜。她深有所感，心情激动，觉得"鼻子里有点发辣，眼睛里有点发酸"。但是，与之前《寄小读者》所不同的是，她不再用缠绵的笔调抒写母爱和乡愁，而是用开朗乐观的心态，来描写她前往亚欧非各地的所见所

《小橘灯》版本

闻，教给小读者们关于历史、地理、风俗的知识，用娓娓道来的文字跟小读者们讲"六一"儿童节，关于"七一"党的生日，关于暑假读书计划，关于努力学习语文课，关于天安门广场，关于"十一"国庆节等等，类似长辈的谈心，有意识地深入爱国主义的教育。总之，文字依旧，爱国爱乡爱家爱孩子的心情依旧。

此外，这一时期，冰心还将目光投向了外国文学的翻译上，黎巴嫩诗人纪伯伦的《先知》、印度作家安纳德的《印度童话集》、印度作家泰戈尔的《吉檀迦利》和《园丁集》、尼泊尔诗人马亨德拉的《马亨德拉诗抄》等等译作相继翻译出版，由此播撒下中外交流的精神种子。

4. 世纪友情

1956年的一天，冰心的老朋友雷洁琼来看望冰心和吴文藻，目的是动员夫妇二人参加中国民主促进会，加入到多党合作和政治协商制度中去，为祖国的建设参政议政。当时，雷洁琼和爱人严景耀都是中国民主促进会的发起人，同时分别担任民进中央委员会文教部和宣传部的副部长。一提来意之后，冰心稍微有些犹豫，因为此前，民盟、九三学社等都来了老朋友邀请他们。雷洁琼明白她的意思，便跟她详细地解释："民进成立时是以促进民主政治为主旨，主张实现和平、民主和统一。现在更是在共产党领导下的合法组织，我们的会员主要是文化、教育、科技工作者和中小学教师……"

基于对雷洁琼的信任，同时也是"教育"二字打动了冰心。她和吴文藻经过考虑，与1956年7月，由雷洁琼、严景耀的介绍，正式加入中国民主促进会。8月，在民进的第二次全国代表大会上，冰心被选为中央委员。1979年，中国民主促进会召开了第四次全国代表大会，冰心被选为民进中央副主席。1988年，冰心当选为民进中央名誉主席。

冰心所题"中国民主促进会"

在加入民进之后的日子里,冰心积极献言建策。她正视社会现象,关注儿童教育,针对教育改革通过中国民进中央教研会向相关部门发表了几点意见:1.学生学习负担太重,课外活动太少。2.高中生分科太早,知识面偏窄。3.教育经费太少。4.师资数量不足,质量不齐。时至今日,仍有相当的借鉴意义。

民进的队伍中,来自中小学校的会员占很大的比例,其中女会员又占多数。于是,冰心建议民进妇委会要调查、研究中小学教育的现状和中小学女教师存在的问题。她说,女教师除了充当教师这一社会职业、社会角色之外,还要充当母亲、妻子、媳妇等等家庭角色。一个女教师要想做好与男同志同样的工作,就必须付出几倍于男同志的精力、体力和心血。民进妇委会要发挥纽带和桥梁作用,研究这些问题,反映这些问题,为她们寻找沟通的渠道,促使协商对话形成制度。

冰心十分热心民进的工作。民进妇委会于1984年11月25日出版《民进妇女》创刊号,这是我国各民主党派中仅有的一份妇女刊物,冰心特地题写了刊头,并撰文:"这是民进中央妇女委员会,出刊《民进妇女》,要我为刊头题字。虽然我的字很难看,不能登大雅之堂,但我也欣然答应了。……《民进妇女》的刊行,可以使全国的妇女会员有个增进团结、加强学习、交流经验、互通消息的

《民进妇女》创刊号

广大园地。希望全体妇女会员都充分地来利用它！"

1989年8月，民进中央创办《民主》月刊，她专门写了《祝贺〈民主〉月刊创刊》一文，对于民主与民主党派的意义与内涵，阐明了自己的理解，她写道："我们办得好这个刊物吗？……民主拿通俗话来说，就是人民大众都有议论国家大小事务的权利，但是人民必须对于国家的大小事务，都听得见，看得见，才能有正确发表意见的可能。社会有什么大事发生，让人民能及时从报刊上、广播里、电视上看到事实真相，听到不同声音，人民才能发表自己的意见，做出正确的判断。我认为，对整个国家来说，透明度越高，凝聚力就越大，这样才能万众一心地把国家搞得繁荣昌盛起来！"

身为民进一员的冰心，身体力行，为坚持和完善中国共产党领导的多党合作和政治协商制度，做出了积极的贡献。正如她所说的："我愿以党外知识分子和民主党派成员的身份，坚持和党'肝胆相照，荣辱与共'，同全国人民一起在空前的蓬勃朝气中，跟共产党走，走社会主义现代化建设的道路！"

5."红色风暴"中的一缕童音

1966年，祖国大陆上一场"红色风暴"平地而起，"文化大革命"席卷而来，横冲直撞。首当其冲的，当属文艺界了。先是"两个批示"，再来"文艺整风"，仿佛一夜之间，代表新中国女性形象的冰心成了"司徒雷登的干女儿"，丈夫吴文藻就是"资产阶级反动学术权威"了。

批斗来了，抄家来了，吴文藻的学术研究手稿，冰心一版再版的《寄小读者》，连什么手表、钢笔、大衣、旗袍、丝袜、高跟鞋……一股脑儿，有用的没用的有皮的没字的，凡是看着不顺"红卫兵小将"眼的东西，全洗劫一空。1966年9月6日，造反派们将不知道从哪里抄来的一大堆物什，连同冰心家里的东西一起，胡乱摆了一通，搞了一个"谢冰心资产阶级生活方式展览会"，对冰心进行批斗。

冰心与五个孩子的合影

　　冰心在"文化大革命"中接受过五次批斗，其中有三次是参加集体批斗，跟许多作家、文艺家一起，另外有两次是单独批斗。然而，无论是在什么情况下，瘦瘦小小柔柔弱弱的冰心尽管低着头，却总是尽量直着腰，定定地站着，决不许自己倒下来。有谁想到，这已是一位年近古稀的老太太啊！

　　就在这场风暴卷积中的一天，冰心正在文联大楼下"劳动"，她的身后响起了一个清脆的童音："谢奶奶，我看您来了！"在到处充斥着尖锐的、冷冰冰的、麻木的噪音的环境里，如此亲切而温柔的呼唤，让冰心对眼前的这个小女孩起了印象。

　　那是1964年1月8日，冰心在《北京晚报》上看到《他们虽然失去了父母》，写的是北京崇文区东唐洗泊街5号，周同山、同庆、同来、同贺、同义五个兄妹在失去父母之后，受到政府和周围人们的慈爱和关怀的故事。三天后，《人民日报》刊登了《孤儿不孤》的报道和《编后感》，进而轰动了全国。各地读者纷纷寄来了信件、物品和现款。《人民文学》编辑部就此事，向冰心约稿，写一篇报告文学，早已深受感动的冰心欣然应允了。

在《人民文学》编辑部周明的陪同下，年逾花甲的冰心把自己的采访日程安排得满满当当。冰心的这次采访十分深入细致，严肃认真，大约半个月的时间里天天在东城和西郊往返，今天访问邻居大妈，明天访问街道干部，更关心几个孩子的学习和冷暖。前前后后，冰心采访了几十人之多。

6月12日，冰心的报告文学《咱们的五个孩子》，刊登在《人民文学》6月号上。从此前访问五个孤儿的过程中，冰心同他们结下了深厚的情谊，不仅经常去看望他们，还在周末和节假日请他们到家里来，哪怕出国访问，也还给孩子们带回礼物，无时无刻都在关心着孩子们的成长。

眼前的这个小女孩，就是五个孤儿中的周同庆。

小同庆快步走到冰心面前，扶着她，甜甜地问："奶奶，您好吗？"冰心的心里真是灌了蜜一样甜，回答道："好，好，奶奶很好。"随后，她连忙说："孩子，你赶快走吧，这不是个好地方，我会连累你的。"小同庆摇了摇头，坚定地说："我不怕，谢奶奶，您是好人！"

这是小孩子内心真实的声音，冰心不禁流下了热泪。在迷茫而又曲折的道路上，小同庆的到来给了冰心极大的心理慰安和坚持抗争下去的勇气，给她留下了这一时期最深刻的记忆。

6. 周总理与冰心

在那些灰色的日子里，给冰心安慰的，还有敬爱的周总理。当时，在批斗中，有红卫兵一直质问冰心内战期间在日本的情况。冰心牢牢记住总理曾经的交待，无论如何都不能对这些情况透露半句，因此在红卫兵的百般折磨下，就是不为所动，三缄其口。后来有人把这个情况报告了中央，总理便下了指示，不要一直追问冰心在日本的情况，并对她进行保护。

之后，年逾古稀的冰心，在1970年至1971年，两次下放到"五七干校"。1970年初，冰心来到湖北咸宁文化部的"五七干校"。这个"五七干校"规模很大，有文化部的、文物局的、出版局的、电影家、作家和艺术家等等，前前后后有六千多人。冰心算是这些人中年龄最大的了，身体渐渐吃不消。后来，组织上考虑到照顾的关系，就把冰心调到吴文藻所在的中央民族大学的沙洋"五七干校"。冰心和吴文藻相互扶持着，在这里度过了14个月的时间。在这里，冰心主要的工作是种棉花，拾麦穗，修公路……最后还去当了文化室的管理员。地里的棉花比冰心的个子还高，她一走进棉花地深一点的地方，就看不到人了。棉花堆里密不透风，冰心没走几步，就汗流浃背，浑身湿透，后来，她很风趣回忆说，总算是真正体会到"汗滴禾下土""粒粒皆辛苦"了。

令人感到敬佩和感动的是，即使在这样的生活与社会的双重折磨之下，冰心仍然不忘国家和人民。周明曾回忆道："冰心正在文联大楼扫地时，她大概已经注意到了我，便迎上我，把我叫到楼梯口拐弯处，环顾四周无人，迅速将几张存款单交给我，要我替她上交国家。并悄声交待我说：'这几万元存款，本是人民发给我的薪俸，我没有多少用处，子女们也都各有工资，更不需要。取之于民，还之于民吧，国家还可以拿这些钱投资搞建设。'临分手时，她又悄声叮嘱我说：'这件事，你帮我办了，只让经手人知道，千万勿语他人。我不是为别的，不希望张扬。'她说这些话时，言辞是恳切的，态度是真诚的。"原来冰心得知国家正在修建成昆铁路，她希望能为国家建设尽自己一点绵薄之力。

远在北京的周总理关注着冰心,想方设法要保护她。1971年,机会来了。由于中美关系开始破冰,美国总统尼克松即将访华,为了做好准备,更好地与美国人沟通,党中央决定,翻译尼克松所著的《六次危机》,并翻译出版《世界史》和《世界史纲》两部著作。周总理想到了"五七干校"里的这些学贯中西的教授学者们,于是请党中央将翻译的任务交给中央民族学院。就此,身在沙洋"五七干校"的吴文藻、冰心、费孝通等教授专家们被请回了北京,着手进行翻译工作。

此时的冰心,除了执行翻译工作任务之外,也开始被安排参加一些社会活动。因为对冰心的外语水平和外交能力早有肯定,就让冰心接待一些外宾,有波兰、意大利、美国、丹麦、印度、尼泊尔、苏丹、日本、瑞士、黎巴嫩、加拿大等国家的客人。

1972年秋季的一天,冰心参加招待外宾的宴会,到的时候早了一些,就在厅外等着。这时,周总理出来看见冰心,就招呼冰心一起"喝杯茶谈谈"。谈话中,总理问冰心:"你多大年纪了?"冰心回答:"我都72岁了!"总理笑着说:"我比你还大两岁呢。"接着他就语重心长地对冰心说:"冰心同志,你我年纪都不小了,对党对人民就只能是'鞠躬尽瘁'这四个字呵!"

1975年1月,冰心当选为第四届全国人民代表大会代表。总理在四届人大上做最后一次政治报告的那一天晚上,他站在主席台入场的门口,和进场的代表们一一握手。当冰心走到他跟前的时候,总理微笑地问:"冰心同志,身体好吗?"冰心回答:"我身体很好。"总理握着冰心的手,又叮咛了一句:"要好好地保重呵。"

总理的安慰和鼓励,让冰心一直怀抱着希望,度过那一段国家和个人生活中最黑暗的时期,终于盼到春回大地,花香满园。

（三）大爱无疆

1."生命从八十岁开始"

1980年6月12日夜3时半，冰心突感不适，右臂右脚抬不起来，紧急送往北京医院。最后确诊为脑血栓，而且是左脑受栓，影响的是右边。这时，冰心首先想到的是，右手如果不能写字写作，如何是好？在静养了几个月后，9月6日，冰心下楼散步，回头时忽然感到腿软，在楼西头倒地，又是紧急送医。医院经过会诊，诊断为股骨颈骨折。主治医生提出两个治疗方案：一是保守疗法，用牵引的办法，另一种就是动手术，用一个不锈钢的钉子把股骨颈固定起来。

令人意想不到的是，冰心不顾老伴、儿女和朋友的劝说，选择了手术治疗。经过骨科、神经科、内科医生会诊，手术方案，按照有关规定，向中央组织部、统战部、文化部和中国作协做了报告，最终同意冰心的决定。

手术很成功。10月29日，冰心看着《儿童文学》的同志送来杨永青画的贺寿图，提笔写道：

亲爱的小朋友：

我每天在病榻上躺着，面对一幅极好看的画。这是一个满面笑容，穿着红兜肚，背上扛着一对大红桃的孩子，旁边写着"敬祝冰心同志八十大寿"，底下落款是"一九八○年十月《儿童文学》敬祝"。

每天早晨醒来，在灿烂的阳光下看着它，使我快乐，使我鼓舞，但是"八十"这两个字，总不能使我相信我竟然已经八十岁了！

……

我的病是在得了"脑血栓"之后，又把右胯骨摔折。因此行动、写字都很困难。写这几百字几乎用了半个小时，但我希望在一九八一年我完全康复之后，再努力给小朋友们写些东西。西谚云"生

病愈后的冰心在北京医院

命从四十岁开始"。我想从一九八一年起,病好后再好好练习写字,练习走路。"生命从八十岁开始",努力和小朋友们一同前进!

这段话,后来作为《三寄小读者》的序发表。这是如何豪迈的语言与壮阔的胸怀!她要和小朋友一起"练习写字,练习走路","一同前进"!

在病患面前,冰心挺过来了。但是,吴文藻走了。1985年9月24日,与冰心携手56年的吴文藻安详地闭上了眼睛。作为中国著名社会学家、人类学家、民族学家,吴文藻是中国社会学、人类学和民族学本土化、中国化的最早提倡者和积极实践者。他为中国社会学和民族学的发展培养了许多人才,做出了重要贡献。根据他的遗嘱，冰心将他生前的3万元存款作为中央民族学院民族学研究生奖学基金，并把他珍藏多年的图书资料捐献给民族学院。

在疾病和痛失亲人之际，冰心的文学之路并没有停下脚步，更是得以重新起航！她全身心投入到文学创作中，时有新作佳作问世，时有惊世警句出现，常常引起文坛和社会的关注。

2. 晚年高峰

80岁之后的冰心，又迎来了一个创作的高峰期，形成晚霞映天、蔚为壮观的景象。1980年，冰心便以短篇小说《空巢》，获得了当年的全国优秀短篇小说奖。热爱祖国、头脑冷静的冰心，在当时历史大发展的环境下，却看到了老年美籍华人精神寂寞的一面。他们虽然有洋房和汽车，却不能享受中国老人特别看重的天伦之乐。《空巢》里的美籍华人梁教授，老伴去世，儿子娶了一个意大利裔的儿媳妇，嫌带孩子麻烦，宁肯养两只波斯猫也不生孩子，而且回到家里还要老人给她做饭。当梁教授回到祖国，看到了老友一家夫妻团聚，女儿孝顺，外孙女儿活泼，想想自己，对老友一家极为羡慕，不由地发出"你们这个'巢'多满啊！"的感慨。清醒的认识，艺术的手法，小说甫一问世，便博得了人们的赞誉。

其后，冰心又连续写了《明子和咪子》《桥》《万般皆上品……——一个副教授的独白》《远来的和尚……》《落价》《干涉》等7篇各具特色的小说。此时的创作从内容、形式、语言等方面来说也超过以往作品，真正具有小说家的水平。这个时期，冰心的作品倾向也起了很大变化。对政治的不满，对特权阶层的愤慨，以及充满讽刺挖苦来描写知识分子日常生活的一些片断，同时也反映社会情况等，成为社会意识非常高的作品。

同时，她还写了大量的回忆录，从福州到烟台，从北京到美国，从昆明到重庆，从日本又到国内，她用笔墨怀念自己一生中的重要

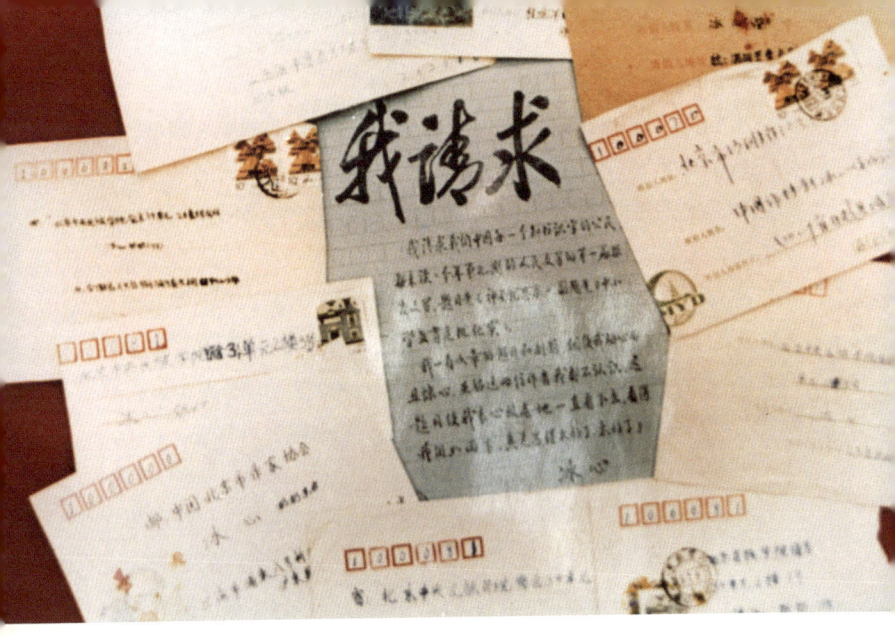

《我请求》手迹和部分读者来信

经历,写得真切、动情。同时,她还写了相当数量的人物回忆,感人至深。作为一位80多岁的老人,一位进出医院三回的老病号,她以顽强的毅力,以不舍的热爱,创作了包括散文、回忆录、小说、评论在内的多达250余篇的作品,字数计有40多万字,让人不得不赞叹。

在这些文章当中,教育和教师待遇问题一直是冰心最为关注的。1987年7月,冰心针对教师待遇低,教育部受重视的问题,发表了尖锐而深刻的讽刺性小说《万般皆上品……——一个副教授的自白》,引起了社会强烈的反响。而后,她又接连发表了《我请求》《我感谢》《无士则如何》《落价》《远来的和尚……》等文章,在全国的教育界和社会上引起很多有识之士的共鸣。

其中,《万般皆上品……一个副教授的独白》,以辛辣的笔触,讽刺了当时中国社会"脑体倒挂"的独特现象。所谓"脑体倒挂"

即从事脑力劳动的知识分子的收入，低于体力劳动的工人职员，什么"造原子弹的不如卖鸡蛋的""开飞机的不如摆地摊的"，都是对这种现象的生动表述。对此，冰心认为，对教育不重视，看知识不值钱，如何实现四个现代化？现代化首先得要教育先行！

《无士则如何》中，冰心写道："不少领导人常说：无农不稳，无工不富，无商不活。其后，又有人加了一句：无兵不安。这些话都对，概括得也非常准确。可惜尚缺了个重要方面——无士怎么样呢？"冰心直言说，如果不重视"士"、不重视科学、教育、文化，德先生和赛先生就成了空谈，现代化也会流于纸上谈兵。

《远来的和尚》，对爱国知识分子不贪图国外的优厚待遇和优裕的生活，毅然回来建设自己的祖国的高尚品质，给予了由衷的赞扬；对装腔作势、沽名钓誉的人，进行了辛辣的嘲讽。这篇作品真切地反映了那段时间，国内工作中存在的某些偏颇，以及知识分子在国内的地位。发表后，同样引起了人们的关注。

《落价》和《远来的和尚……》连续两年（1987年和1988年）分别荣获《小说月报》优秀中短篇小说"南车杯"百花奖。在当代作家中，短短几年内不断获得含金量极高的奖项，实为凤毛麟角。

更值得一书的是《我请求》《我感谢》。1987年第9期的《人民文学》上，发表了一篇报告文学《神圣忧思录——中小学教育危机纪实》。这是作者在对中小学教育的现状进行深入调查基础上，真实地报告了因为政府对中小学教育缺乏足够的认识理解，投入很少，以致教育经费短缺，教师收入微薄，造成教师队伍人心涣散，后继乏人；因为对中小学教育和教师未能给予充分的重视，以致教师社会地位低下，教育神圣的传统观念面临危机等令人震撼和深思的现象。冰心在读了这篇报告文学之后，心情很不平静，感慨甚多，奋笔疾书，写就《我请求》一文。

由于《神圣忧思录》引起了社会极大关注，11月7日，《人民文学》

邀请北京中小学教师举行作品座谈会,冰心应邀出席。但她行动不便,就把这篇《我请求》复写件送去,由《神圣忧思录》的责任编辑高远在会上宣读。与会者听罢,无不惊讶与感动,这才知道87岁的冰心如此关注教育。很快,《人民日报》1987年11月14日发表了《我请求》一文,开篇就是:"请求我们中国每一个知书识字的公民,都来读读"这篇报告文学。

见报之后,反响之强烈让冰心自己都深感意外。之后,她发表《我感谢》一文,说:"我几乎每天都能得到一两封小读者的来信,都是他们从课本上读到《寄小读者》或《小橘灯》的反响。没想到我得到大读者对我的作品反响最多的,却是这篇《我请求》!大约有好几十封吧,而且写信人多数不是教师。他们也都同情我的看法。"

1987年11月28日,国务院发出通知决定将全国中小学教师和幼儿园教师现行的工资标准提高10%,"这个措施是为改善中小学教师生活待遇,促进基础教育事业的发展而采取的",并明确从1987年10月起执行中小学教师和幼儿教师新的工资标准。冰心知道以后,心里感到很欣慰,或许这就是文字的力量吧。

3. 解读《落价》

冰心的晚年作品针砭时弊,行文用笔炉火纯青,屡获大奖及世人的赞誉。其中有一篇名为《落价》,可为代表。《落价》,以拜金主义为线索,描写了当时中国社会中文化知识和知识分子境遇之恶劣的作品。从小说的创作来说,这是一篇非常经典的具有教科书式的而又丰满的短篇小说,可以说是"增一分太胖,减一分太瘦",小说中的每一处地方都有它特定的作用。

从人物来说,有"我们家的老阿姨"、"我"(宋老师)、"小方"、"小真",有的人物如"小真",连一句单独的话都没有,但也一样是缺一不可。

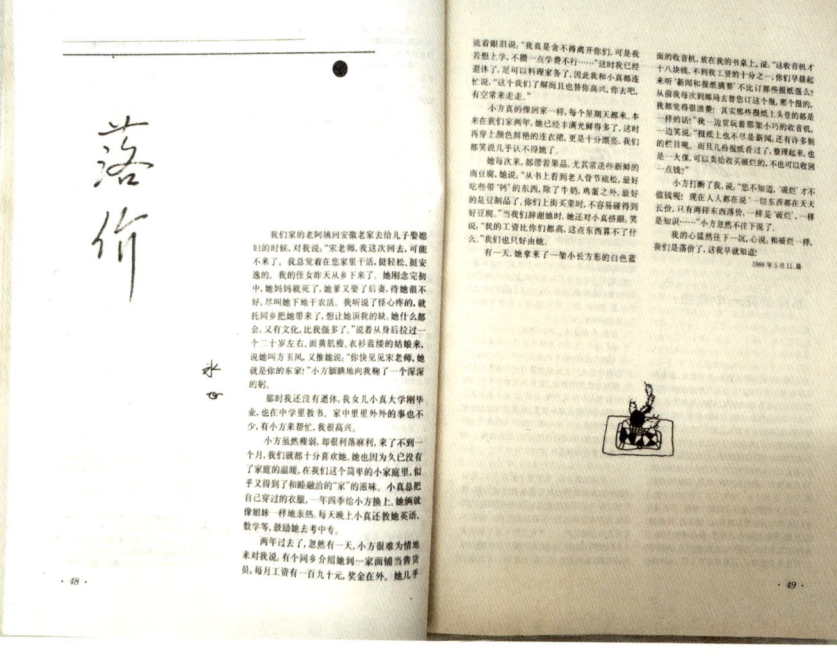

《落价》首发于《收获》1988年5期

首先是"我们家的老阿姨"出场,她因为要回安徽老家去给儿子娶媳妇,就推荐了她的侄女小方来做保姆,看看她的语言吧:"宋老师,我这次回去,可能不来了。我总觉着在您家里干活,挺轻松、挺安逸的。我的侄女昨天从乡下来了。她刚念完初中,她妈妈就死了,她爹又娶了后妻,待她很不好,尽叫她下地干农活。我听说了怪心疼的,就托同乡把她带来了,想让她顶我的缺。她什么都会,又有文化,比我强多了。"——这段话很长,但是句式短,都在10个字以内,语言逻辑带着鲜明的口头表述方式,于是,一个形象生动、语言准确的农妇角色跃然纸上。

随后,老阿姨"从身后拉过一个二十岁左右、面黄肌瘦、衣衫褴褛的姑娘来",这就是"小方",只见她"腼腆地向我鞠了一个深深的躬"。这里,不同于"老阿姨"的语言描写,只用了一句话,就年龄、外貌、衣着和动作描写准确地融入进去;细想一下,这小方连个招呼的语言都没有,而这,恰恰把一个初来乍到的农村小姑娘的具体形象定格了下来。

而小说中的"小真"的存在则完全是为了给"小方"作对比的。"小真"的身份是中学的教师,与"小方"的初中刚毕业形成对比;"小真"把自己的衣服"一年四季给小方换上",与"小方"刚来时的"衣衫褴褛"形成对比。"小真"还教"小方"英语、数学等,鼓励她去考中专,两个人"就像姐妹一样地亲热"——这也是为给"小方"之后的拜金做铺垫。

此后,小说的推进则显得平平淡淡而又自自然然:两年后,"小方"去了一家面铺当售货员,离开时流着泪说"我真是舍不得离开你们,可是我若想上学,不攒一点学费不行……","我"和小真则表示"这个我们了解而且也替你高兴,你去吧,有空常来走走"。这里可以看出,"小方"的离开时为了上学,而"常来走走"的表示则是为了引出下文:"小方真的像回家一样,每个星期天都来。本来在我们家两年,她已经丰满光鲜得多了,这时再穿上颜色鲜艳的连衣裙,更是十分漂亮,我们都笑说几乎认不得她了。"

行文至此,小说出现转折,"小方"开始形象上的变化了。她在此之后的送南豆腐,以及说"我的工资比你们都高,这点东西算不了什么",也预示着小说主题的深入。于是,有一天,她送来了"一架小长方形的白色蓝面的收音机",说订报纸还不如听收音;而,"我"则笑说报纸整理起来"可以卖给收买破烂的,不也可以收回一点钱"。

小说到此,另起一段,只是"小方"的一句话:"您不知道,'破烂'才不值钱呢!现在人人都在说,一切东西都在天天涨价,只有两样东西落价,一样是'破烂',一样是知识……"还有她的"忽然不往下说了"。——文章主题到此顺理成章地浮出水面。

如果,小说到此处结束,那么只能视为一篇主题鲜明却平淡如水的很是一般的作品。然而,冰心先生的功力不仅止于此,真正显示出她高超的创作功力和水平的是后面的一句话:"我的心猛然往下一沉,心说:和破烂一样,我们是落价了,这我早就知道!"

小说的主角在这句话之前是"小方",到了这句话,"我"成了作者真正要描写的主角,要在人物身上展现作者真实意图的主角。在这句话之前,小说对"我"的描写都是点到即止,轻描淡写,而到了这句话,"我"这个人物的形象就完全丰满和独特起来,而且具有时代的鲜明代表性。有个词叫"画龙点睛",几乎是为了这句话量身定做的。让我们来跟着"我"来体会下小说的进程:听到"小真"的话以后,心情一落千丈,在心里承认,和破烂一样,"我们"是落价了。——"我们"!为什么是"我们"?前文说的不是"知识"吗?——作者想说的,不仅仅是"知识",还有代表"知识"的载体"老师",不论是"我"即"宋老师",还是"小真"这一中学老师。这样的一语双关,使得小说的思想性进一步深刻。

然而,小说还没结束,真正的主题,真正使人不忍忘怀的是最后的这几个字和一个感叹号:"这我早就知道!"——读到这里,一丝悲凉,一丝无奈,一丝愤愤,一丝不甘……如同打了五味瓶一样,诸般滋味一齐涌上心头,不为之一哭则不足以慰冰心先生的良苦用心!

当时知识和知识分子的境遇之恶,在冰心的这篇小说里得到完美的艺术化展现。而文末的点睛之笔,更是把知识分子身处这种境遇中的诸般滋味用一句淡淡的"这我早就知道!"彰显出来。

于是,不论从小说的结构、人物、情节、内容、思想等方面来说,我们不能不说冰心先生的这篇《落价》确实不愧为"南车杯"百花奖的称号!

4.《甲午战争》

熟悉冰心的人都知道，冰心鲜有大部头的作品。但是，晚年的冰心，曾经一直想创作一部关于甲午战争的作品，因她的父亲谢葆璋是甲午海战的亲历者，她的灵魂深处是时刻也忘不了这段历史。

冰心逝世的时候，在一些悼念文章中，都提到晚年冰心的一个"遗憾"：未能撰写一部纪实性的长篇之作，书名就叫《甲午战争》，将她的人生经历、父辈家仇与民族感情融入其中。常伴冰心左右的女儿吴青、女婿陈恕说，冰心在甲午海战一百年之际，很想写一部甲午海战的大书，她在小时候就从姥爷那儿听到过许多甲午海战的故事，但每次落笔，都不能成行，最终宿愿未了。

中新社资深记者贾国荣常为晚年冰心拍摄照片，他曾在《冰心的遗憾》一文中说，1994年春，九十四岁高龄的冰心毅然对友人们说："我要写一部大作品。"为此，老人曾多次提笔，"可是，她竟然一个字都没有留下！"而且，个中缘由，不是因为老，也不是因为病，"而是因为哭，因为大哭，因为一握起笔就禁不住老泪纵横地痛哭！哭得完全不能下笔，纸上惟有落下的热泪。"贾国荣描写道："此时此刻的冰心，一边哭，一边说：'气死我了！气死我了！真可恨！真可恨！'"

中国现代文学馆馆长舒乙也有过这样的文字："暑天八月，我又去看她。她的家人悄悄告诉我，她清晨又曾大哭，只缘想起甲午海战，竟不能提笔，完全没法写下去……"后来，舒乙撰文《冰心先生的泪与梦》，记录了这位世纪老人的遗憾。

没想到，在冰心逝世后五年的一天，吴青在整理冰心遗物时，有了惊喜的发现。这是一个牛皮信封，是一封北京市邮政管理局的"邮电公事"函封，冰心用剪刀将其剪开，信封外页有冰心"以百年国耻激励后人，教育后人，前事不忘后事之师"两行手书，内页上半页，

《甲午战争》手稿

新越南御滑因击私兄弟继承孙章
在连话，他以战之军艇的枪礼之间
叶舰队载着美国族仪三步敬表
荣光毕告之下，念悟亦哉，让他身也的
骨胞挑胆阴何下了，胸与郑电路白洞V
心转胸撕下来垫到他心胸腔里⋯
方调水到刘公岛登岸转回生论叶

密密麻麻地写道：

　　题（提）起中日甲午战争（1894），我的心头就热血潮涌。因为我父谢葆璋先生对我愤激地□□□□□□，他以□□军舰的枪炮二副的身体（份）参加了那次战争。他说那时日本舰队挂着英国旗从远处驶来，到了跟前才挂上日本国旗，让我们长炮毫无准备之下，仓促应战。在他身边的同事（我母亲的侄子杨建□）被炮弹打胸丹腹部倒下了，肠子都沾在烟筒上。停战后，父亲才从烟筒上把烤干的肝肠撕下来塞到他的胸腔里的。后来，这舰□□被击沉了，我父亲从大东沟战场泅水到刘公岛上岸，转回至福州。

　　甲午海战爆发，因为海里……

　　至此，信封的下半页空着，颤颤巍巍的字迹间，清晰可见斑斑驳驳的泪痕。每一个字都像是一种心情，或感怀或悲伤或悲愤或隐忍，有的清秀依然，有的模糊难辨；看着文字，分明就是一名蹒跚的老人在人生道路上步履维艰地攀行。真的是"哭得写不下去"，真的是"可气"，"可恨"！

　　王炳根作为亲近晚年冰心的研究者，曾如此解读："颤抖的文字毕竟为我们留下了这部大作品的一个开头，这是最重要的。从中，我们可以作一些解读。'以百年国耻激励后人，教育后人，前事不忘后事之师'，无疑是整部作品的重要立意，所以单独地写在另页上。冰心的作品，无论是长篇通讯还是小说，从未用'提起'二字起笔，这两个字的出现，预示了她将准备展开较大的叙述，是一部大作品的开头，但'我'这个叙述人物的出现，又将限制她所希望的战争场景与社会生活的展开，于是，主要人物父亲一开始便登场，并且是出现在残酷战斗的场景之中。父亲的出现以及叙述的简洁，又使得战斗早早结束，似乎整个甲午海战是在'英国旗''日本旗''炮弹''肠子''烟筒''汹水'等几个场面动作中完成的，根本没有展开。冰心不可能不知道如此叙述是不能成为大作品的，这只能理解为，这个开头是一部大作品的'引子'，最后另起的一行就改变了叙述方式，虽然是一句未说完的话，却显得十分的重要。同时，关于父亲同事的肠子被打出来的事情，在她的另外两篇文章中出现过，一篇是《童年杂忆》，另一篇是《建国三十五周年感言》，但都没有写出他的名字，只说是'战友'，也没有点出他与作者的关系，在这个'引子'中，出现了名字，关系是母亲的侄子，这都为后面展开叙述创造了条件。冰心的小说，一贯取家庭结构的方式，父亲与母亲在这短短的'引子'中都已出现，她所说的大作品，是不是预示着将采取家庭或家族的结构与叙述方式？"

这一张薄薄的牛皮信封，留给世人的仍然是，遗憾。

5. 全家福与"吴山守则"

冰心有三个孩子，分别是儿子吴宗生，后改名吴平，1931年2月出生；大女儿吴宗远，后名吴冰，1935年5月出生；小女儿吴宗黎，后改名吴青，1937年11月出生。

吴平，清华大学建筑学系毕业，1985年创建北京市第一家建筑装饰设计所并任所长，曾被推选为北京市人大代表。在吴平的印象中，母亲是个外柔内刚、具有大爱和睿智的杰出女性。吴冰，毕业于北京大学西语系，执教北京外国语大学，任英语系副主任、教授、博士生导师。在吴冰的印象中，爱祖国，是母亲对她们教育最多、影响最深刻的一面。吴青，同样毕业于北京外国语学院英语系，执教北京外国语大学，任教授，曾被推选为北京市人大代表。对吴青而言，母亲最直接的教育是，先要做一个"人"，之后才是"男人"或者"女人"。

1974年"全家福"。前排左起：外孙李丹、外孙陈钢、冰心、外孙李冰、吴文藻、孙女吴江、孙子吴山；后排左起：女儿吴青、女婿陈恕、儿媳陈凌霞、儿子吴平、大女婿李志昌、大女儿吴冰。

在冰心眼里，三个孩子也是各有特点。吴冰就曾回忆说："妈妈对我们兄妹三人的教育是德智并重，尤其注重德育。她能针对每个人的特点和缺点对我们进行帮助。哥哥小时特别淘气，学习成绩有时不佳。但是他心眼儿好，能体贴大人。一个冬天的夜晚，妈妈不知为什么生气打他，他一面躲闪，一面转过身来给妈妈披衣服，并说：'娘，别着凉了！'因此妈妈常说哥哥是她的'安慰'。我从小用功好强，学习成绩在班上总是名列前茅，妈妈从来不用在这方面为我操心，她说我是她的'骄傲'，但也并不因此而特别偏爱我。妹妹小时像男孩子一样好动贪玩，到考试前妈妈帮她复习时，发现她记忆力好，能背书，随便指一段书，她都能从头背到底。妈妈就拿一张纸，中间挖个洞，遮住了其他的文字，这样妹妹就念不出来了。每逢考试，她少不了挨打手心。但是妹妹活泼，喜爱小动物，富有同情心，爱帮助人，妈妈说妹妹是她的'快乐'。"

在冰心家的第三代中，吴山是最让冰心操心的一个了。他小时候学习不稳定，情绪易冲动，脾气显暴躁，讲"江湖义气"，时与别人发生冲突，甚至打架斗殴也难免。为此，冰心没少花过心思在他身上。为了知道他的学习与生活情况，一段时间，冰心要求吴山每周记日记，带来给奶奶看，看过之后，冰心便在日记上写评语，敦促孩子的进步。

1981年9月，吴山14岁，学校刚要开学。冰心认认真真地跟吴山约法"五章"，订立了"吴山守则"：1. 放学后即刻回家；2. 课堂上专心听讲；3. 每天认真完成各科作业；4. 尊敬老师，团结同学；5. 不管闲事。叛逆期的吴山，却是听得进奶奶的话，不仅认同奶奶所订立的守则，并且很感动，表示："以上五个守则，是奶奶亲自为我写的，她老人家今年八十一高龄了，可为我却又操了一份心。'吴山守则'将永远督促我，鞭挞我前进。"之后，冰心按照事先的约定，每周阅读吴山的日记，写下评语。第一周，冰心写道："这一星期

吴山守则

1. 放学后即刻回家
2. 课堂上专心听讲
3. 每天认真完成各科作业
4. 尊敬老师，团结同学。
5. 不管闲事

奶 11.8.1981

前 言

以上五个守则，是奶奶亲自为我写的，她老人家今年已八十一高龄了，为我却又操了一份心。"吴山守则"将永远督促我，鞭策我前进。

一九八一年十月9日 吴志培

"吴山守则"

有进步：1. 坚持就是胜利。2. 要向中国足球队学习，在0比2的失败条件下，坚持不气馁，终以4比2获胜。3. 要从守纪律进一步到专心听课，做好作业，每日不拉下，做好复习的功课。"后来，吴山犯了错误，受到学校的处分。当他认识到自己的问题，决心要用自己的行动，改正更新时，冰心很高兴，写下评语："一定要用实际行动在今年自己生日以前把处分撤掉；不必以打排球来证明你对女排胜利的欢呼，要学她们的坚毅不拔的精神，坚持复习。……你想撤销处分，是应该的，而且是必须的，千万不要停在口头上，而要用行动来表现，如专心听课，努力复习。"在吴山取得进步的时候，冰心则写道："你考得不错，如化学得98分，但千万不能放松，这只证明只要用功就能赶上去。"吴山在日记中，记载听身残志不残的模范共青团员曹燕大姐的报告，决心也要做一名立志成材的人。冰心就鼓励他："希望你继续前进。"

面对下一代，再下一代的子女的教育，人与人都是公平的，子女的路终归是要靠自己走的，再好的教育，也要被教育者践行。古今皆然。

6. 世纪友情

冰心与巴金，同为中国文坛的泰山北斗，有着长达66年的友谊，说起他们来，那就有很多很多的话题了。

冰心曾回忆起他们的相识："我认识巴金是在三十年代初期，记得是在一个初夏的早晨，他同靳以一起来看我。那时我们都很年轻，我又比他们大几岁，便把他们当做小弟弟看待，谈起话来都随便而自然。靳以很健谈，热情而活泼。巴金就比较沉默，腼腆而稍带些忧郁，那时我已经读到他的早期一些作品了，我深深地了解他。……他心里有一团愤怒的火，不写不行，他不是为了要做作家才写作的。"

冰心与巴金

巴金则说："我是冰心的作品的爱读者（我从成都搭船去渝，经过泸县，我还上岸去买了一册《繁星》），我的哥哥比我还更爱她的著作（他还抄过她的一篇小说《离家的一年》）。过去我们都是孤寂的孩子，从她的作品那里我们得到了不少的温暖的安慰。我们知道了爱星，爱海，而且我们从那些亲切而美丽的语句里重温了我们永久失去了的母爱。"他曾说过，是在冰心的影响下，才走上文学道路的。"冰心是前辈，我是晚辈，她是'五四'时期中国最早的作家之一。我还年轻，就读她发表的诗了。"他谦虚地表示："冰心大姊不过比我年长4岁，可她在前面跑了那么一大段路。她是'五四'运动最后一位元老，我却只是这运动的一个产儿。"

抗战时期，冰心从北平到昆明，避居呈贡，接着到重庆参加抗日活动，之后暂居歌乐山，生活过得比较清苦。有一天，巴金上山来探望冰心。巴金当时在开明书店兼作编辑，得知冰心战时著作的版税中断，生活拮据，便提出重新编辑她的著作，交给开明书店出版。冰心同意了，并全权委托巴金办理此事。巴金回到上海，将冰心的作品分为三本，小说集、为散文集、诗歌集，每一本都收进了冰心近年的作品，以《冰心著作集》为书名，请叶圣陶写广告词。这套书由开明书店出版后很有影响，发行量不小。冰心每月可以从中得到版税，暂时解决了家庭的实际困难，还能帮助和接济其他亲人朋友。

新中国成立以后，巴金与冰心同团出国访问就有5次之多：第一次访问印度，前后20多天；第二次访问苏联，也是20多天；第三次至第五次，均为访问日本，前后80多天。加上每回出国前例行的政治学习和归国后的总结等，总共有半年左右的时间在一起相处。他们两家更是像自己亲戚一样走动，吴文藻曾说，巴金是他们最真诚的朋友。

20世纪80年代，巴金意识到自己有将一个时代的印记传承下去的责任，希望有一个专门的机构能够搜集、收藏、整理、研究、展示现代作家作品。1981年2月14日，巴金在为香港《文汇报》写的《创作回忆录》之十一《关于"寒夜"》和《创作回忆录·后记》中最早倡议建立中国现代文学馆。这一倡议于1981年3月12日在《人民日报》正式刊载，立即在国内外引起强烈反响。4月4日，他又撰文《现代文学资料馆》，从文学资料的积累与民族文化建设的高度，倡议建立中国现代文学馆。4月20日，中国作家协会主席团扩大会议讨论通过，决定筹建中国现代文学馆，并报中央批准。

冰心得知此事，积极响应。她说："我一生没有财产，最宝贵的就是前辈先生和中外朋友们赠我的他们的字画和著作。这些财宝，我一生中已经丧失了好几次。第一次是'七七事变'，第二次是'反右'期间，第三次是十年动乱，剩下的已寥寥无几。"她决定将这些与她一起经历了数十年风风雨雨保存下来的字画捐给筹建中的中国现代文学馆。因为"这馆是我的好友巴金倡导下成立的",而文学馆的工作人员中,"还有我的好友老舍的儿子舒乙",这不仅是值得信任的依据,同时更是情感的寄托。所以,冰心说:"当他们几个人轻轻地托起这些字画下楼去时,我忽然觉得欢快地了了一桩大事,心里踏实得多了。"

中国现代文学馆成立之后,冰心还为它题写了馆名,留下了手模。

同样,冰心的事也就是巴金的事。1992年,冰心研究会在福州成立,巴金同意出任会长,并对之后冰心文学馆的建设给予了大力支持。1994年,冰心在巴金画像旁题写赠言:"人生得一知己足矣,此际当以同怀视之。"巴金也给冰心的题字:"冰心大姐的存在,就是一种巨大的力量,她是一盏明灯,照亮我前面的道路。她比我更乐观。灯亮着,我放心地大步向前;灯亮着,我不会感到孤独。"

这两位文坛泰斗,多有通信,目前能搜集到冰心致巴金的信75件,巴金致冰心的信51件。其中,尤以最后一次通信让人印象深刻。1997年2月22日,冰心写信给巴金:

巴金老弟:
  我想念你,
  多保重!

1997年6月11日,巴金回信给冰心:

冰心大姊:
  我也很想念您!

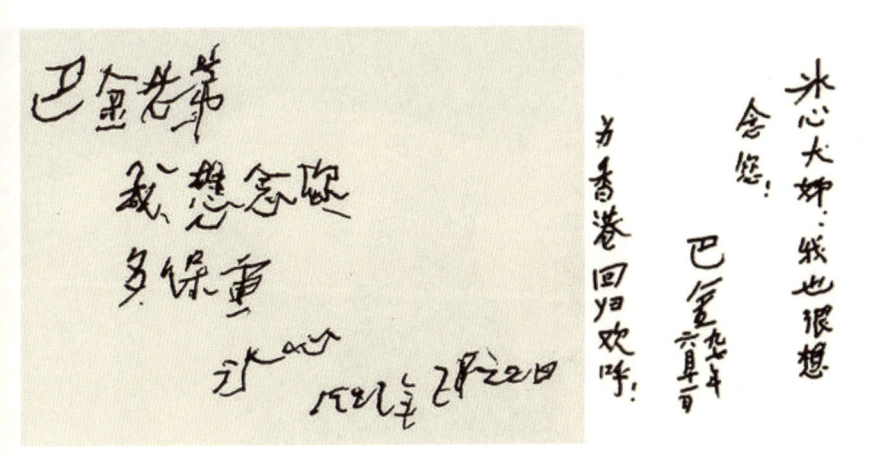

冰心与巴金书信

7."寻猫启事"

冰心热爱生活,热爱大自然,自然热爱小动物。她曾写过《漫谈赏花和玩猫》和《养猫》,熟悉她的人也都熟悉这只名叫"咪咪"的小猫。

这是一只白猫,后腰的一侧长有一块一寸大小的黑斑,尾巴也是黑色的。冰心先生很喜欢它,当时吴青抱了三只小猫来让她选,她一眼便看中了这只"咪咪",还煞有介事地说:"这猫的毛色有名堂,叫'鞭打绣球'。"后来还从夏衍送来的一本书里面,认定了一个"更堂皇一些"的说法,叫"托枪挂印"。

她很宠爱"咪咪"。有时,冰心伏案写作,咪咪也来凑热闹,从椅子上轻巧一跃,直接在冰心的稿纸上就座,圆目直视,盯着冰心的笔和纸,随着笔书字行,小小的脖子一顿一顿,仿佛在为冰心审稿一般。家里人便说,这只猫,是个会认字的博士,是"猫博士"。

冰心与"猫博士"

　　冰心还逢人便夸，这咪咪有多么聪明，还能听懂英语！看到来人一脸狐疑，冰心便将书桌的抽屉拉开，露出里面满满的袋装烤鱼片。咪咪早在拉开抽屉的瞬间，就跳到冰心面前，蜷起小尾巴。只听冰心一声令下："Sit down, please！（请坐！）"话音未落，咪咪一屁股坐了下来。每当这个时候，老人便哈哈大笑，得意地夸耀："怎么样？聪明吧？能听懂英语，多了不起！"一边说，一边掏出烤鱼片让咪咪来吃。

这只可爱的咪咪早已是冰心家庭中的一员。有一回,咪咪外出后很久都没有回来,饭点过了,没来,睡点到了,未归。大家都在担心,怕是丢了吧。这一下,全家上下都急坏了,尤其是冰心,更是急得不得了!

第二天一早,吴青与陈恕都上课去了,照顾她的陈屿大姐也上街办事了。怎么办?冰心情急之中,自己拿了几张白纸,静下心,坐下来写起了"寻猫启事":

寻猫:本人不慎走失白猫一只,颈带白色项圈,黑尾巴,身上有三个黑点。有寻见者,请通知教授楼34单元3号,或电话890771——分机433,费神之处,不胜感激。

失主启
1989年10月21日

老人一连写了5张,实在是累得手握不动笔才停了下来。等到陈屿大姐回到家,赶紧吩咐她将"寻猫启事"一张张贴出去。到了下午,怎么也不见有人来联系,出门一看,贴出去的"寻猫启事"居然被人揭走了。原来,虽然启事中没有署名,但熟悉的人一看,都知道这个失主就是冰心啊。平日里,冰心是"遵医嘱,谢绝会客",见一面都是难的,向她求几个字更是难上加难。这"寻猫启事"几十个字,太珍贵了。吴青回家,想了想,不对,赶紧把自家楼道下的"寻猫启事"揭了下来,后来,成为她自己的珍藏。

几天过去了,咪咪还是不见踪影。老人吃不好睡不好,一想起咪咪就要落泪。吴青怕妈妈急出病来,花了心思托朋友设法找来一只小猫,纯白的长毛小猫,长着一双蓝色清澈的大眼睛,可爱至极,想把它留下来。可是,冰心不肯,说这分明不是咪咪。

寻猫：本人不慎走失白猫一只，颈带白色项圈，黑尾巴，身上有三个黑点，有寻见者，请通知教授楼34单元三号，或电话890771-5345453 费神之处，不胜感激。

失主启 十月廿二日

寻猫启事

"咪咪"的标本

好在,顽皮的咪咪最终毫发未损,安然归来,全家人欣喜若狂,冰心更是喜笑颜开,而那只后来的小白猫,只好由吴青收留了。

冰心先生生命最后几年是在医院中度过的。病床上的她对咪咪还是念念不忘,总是问起咪咪。有一回,吴青壮着胆子,偷偷地把咪咪带到医院。老人一见到咪咪,立刻容光焕发,行动都敏捷了许多,抱着咪咪,便不肯放下。这时的咪咪来到冰心身边也十来年了,早已跟冰心可以算是一对"病友"。

在冰心静静地走完她的生命旅程之后不久,咪咪也在冰心的家中悄然去世。

时至今日,在冰心文学馆中,咪咪被制成了标本摆放在展厅的故居复制房中,一如它原来的模样,立足回眸,神情依旧淡然,就像一位忠诚的保镖,护守着冰心,直至永远。

8. 一把小木凳

在冰心文学馆展厅的正当中，是中央民族大学34单元的冰心故居复制房。复制房只有两间，一间是客厅兼饭厅，一间是卧室兼书房，晚年的冰心就是生活在这简朴的两个房间里。

在客厅复制房的正当中，是冰心爱猫"咪咪"的标本。在"咪咪"的脚下，是一把毫不起眼却又光滑锃亮的小木凳。这是冰心的"专座"，每当家里有小客人来访，冰心便会先拿出好吃的点心、糖果，让孩子们围坐在家里仅有的沙发上，自己坐在孩子们中间，跟他们一边品尝果点，一边聊着或是学校或是家里或是身边的那些有趣的事情。要是碰上那些害羞的、怯生生的小朋友，冰心便会搬来这把小木凳，自己不坐沙发不坐靠椅，只坐在这小凳子上，拉着面前的小朋友的手，笑眯眯地在他耳边低声细语，引导他勇敢地讲出自己的故事。

这把普通的小木凳，成了冰心与孩子们交朋友的见证。她曾经无数次地坐在这把小木凳上，接待过来自家乡以及全国各地的小朋友，还有很多来自日本、美国、英国、南非等海外的不同肤色的小朋友。直到80多岁，冰心仍然习惯性地坐着这把小木凳上，与小朋友交谈。这种平等亲切的交谈方式，给小朋友们留下了深刻的印象，给随行的成年人留下心灵的震撼。

冰心说："世上没有一朵鲜花不美丽，没有一个孩子不可爱。和孩子在一起，是何等的幸福。放下架子，蹲下身子，让我们和孩子一起成长！"她还说："要尊重他们，了解他们的自尊心，把他们当作一个人来对待。"她始终与孩子们保持着平等的姿态，哪怕是从视觉的角度上，亦是如此。这种姿态，体现在她的儿童文学作品当中，无论是散文、诗歌、还是小说，都像是面对面地与孩子们平起平坐，诉说着他们想听想看想懂的那些事情。她认为："给儿童写作，对象虽小，而意义却不小，因为，儿童是大树的幼芽，为儿童服务的作品,必须激发他们高尚美好的情操,而描写的又必须是他们的日常生活中所接触关心,而能够理解、接受的事情。"

　　冰心的一生,视孩子为民族的希望,祖国的未来,她辛勤浇灌,为孩子写作,其作品,影响了一代又一代的少年儿童,她把自己的稿费,捐给了学校,捐给了希望工程。可以说,冰心把自己的一生都献给了孩子,许多人一提起冰心,便想起成长岁月中所受到她的教育、熏陶和艺术感染,内心便有了童真与温情。据不完全统计,《纸船·寄母亲》《观舞记》《谈生命》《忆读书》《雨后》《只拣儿童多处行》《山中杂记》《荷叶母亲》《小橘灯》《一只小鸟》《成功的花》《嫩绿的芽儿》《往事》《母亲》《青年人》等诸多作品入选中小学课本,深受广大读者和人民群众的尊重和喜爱。

　　又想起了冰心的那首《可爱的》:

除了宇宙,
最可爱的只有孩子。
和他说话不必思索,
态度不必矜持。
抬起头来说笑,
低下头去弄水。
任你深思也好,
微讴也好;
驴背山,山门下。
偶一回头望时,
总是活泼泼地,
笑嘻嘻地。

"无价"的小木凳

海峡情

馆园内外

2010年7月10日，冰心文学馆正式启动"海峡作家文库"工程，成为全国首家全方位接收海峡两岸近现代及当代著名作家版本、手稿、实物等研究资料的单个作家博物馆。

"冰心文学馆可以是作家冰心的文学馆，也可以是以冰心名字命名的文学馆，正如俄罗斯的普希金文学馆同时也收藏与陈列展览了同时代众多俄罗斯作家的文物资料一样，冰心文学馆也可以包容更多的内容。海峡作家文库正是基于这个意义建立的，它将使冰心文学馆的容量更大、覆盖面更宽、影响更广泛，发展成为一个时代的作家博物馆。"时任冰心研究会会长、冰心文学馆馆的长王炳根如是说。

名人故居纪念馆、博物馆是纪念、收藏、研究和展示以名人作为载体的文化现象的专门机构，其主要的功能是全方位的研究历史文化名人的一生，收藏他的相关文物资料，展示他的历史功绩，彰显人格魅力，传播人物精神，以人物特性为载体，面向社会尤其是青少年开展丰富的社教活动，传播祖国优秀传统文化，传递中华民族薪火相继的人文财富。

在实际的工作中，随着人物的研究不断深入，观众往往会陷入对单一人物的审美疲劳，因此名人故居纪念馆、博物馆的办馆思路就有了相应的延伸与拓展，开始自觉主动地将视角触及馆主周边或有关联因素的人物身上，力求呈现"百花齐放"的繁荣局面。在国外，已有较为成功的例证，像俄罗斯圣彼得堡的普希金文学馆，就不只是普希金一个人的文学馆，还收藏和展示了与普希金同时代的众多俄罗斯作家的文物和资料，如屠格涅夫、果戈理、陀思妥耶夫斯基、列夫·托尔斯泰等等，形成了一个庞大的俄罗斯作家群的文学博物馆，也因此成为俄国文学的重要研究机构。

同样，在国内，也有较为成熟的经验借鉴。如，上海鲁迅纪念馆的"朝华文库"。"朝华文库"是鲁迅同时代人及相关专家、名

"海峡作家文库"启动

人的文物资料专库,是1999年建成开放的上海鲁迅纪念馆新馆的一个扩充组成部分。它专门收藏一批鲁迅同时代人及相关专家、名人的文化遗存和积累,包括手稿、来往信件、藏书与本人著译、照片、字画、文房四宝,以及有纪念意义的生活用品等,兼有保藏、展示、研究和纪念四大功能。目前已成立了陈望道、许广平等24人、23个专库,收藏藏品五万余件,巴金先生为朝华文库题款。各专库的库额也分别由乔石、顾廷龙、赵朴初、张爱萍等名人题写。"朝华文库"的建立得益于对两次历史机遇的成功把握。第一个机遇是上海鲁迅纪念馆的改扩建工程。由于1956年建造的老馆各方面功能都已经不适应形势发展的需要,于是,在1996年底,由上海市委市政府拨款,拆旧建新,扩大建筑面积。第二个机遇出现在新馆的设计过程中,馆刊《上海鲁迅研究》的顾问、著名出版家赵家璧先生不幸病逝之时。他与纪念馆的关系十分密切,生前就将鲁迅给他的40

多封书信无偿捐献给上海鲁迅纪念馆。他去世后,其子女有意将赵老的有关藏书集中存放馆内。在这个背景下,上海鲁迅纪念馆审时度势,向家属提出请求,建立专库来保存赵老的有关藏书、手稿、书信、照片和文房四宝等,得到他们的大力支持。就这样,该馆从建立"赵家璧专库"的成功得到了启发,继而积极研究策划了一个完整的蓝图,在新馆里单独规划出一个区域,专门收藏一批与鲁迅同时代人及相关专家、名人的文化遗存和积累,取名"朝华文库"。"朝华"取自鲁迅书名《朝花夕拾》与他的版画《艺苑朝华》,取保存先贤精神文明之花之意。

上海鲁迅纪念馆在建立"朝华文库"时明确了三个入藏条件:一个是与鲁迅要有直接的接触,包含与鲁迅有通信往来的同时代友人;一个是入藏者本人在文化艺术上有很高的造诣,为国内外公众和社会公认;再一个是入藏者自身有适合的藏品,如手稿、书信、照片、字画等,可供入库收藏展示。满足这三个条件的情况下,经与全国各地仍健在的鲁迅同时代友人广泛联系,若已去世就与其家属联系,最终确定了首批入选对象是陈望道、许广平、曹靖华、曹聚仁、巴人、汪静之、李霁野、黄源、陈学昭、赵家璧、吴朗西、唐弢、杜宣、钱君匋、张望、李桦共 16 人。

珠玉在前,冰心文学馆也适时设立"海峡作家文库",用于纪念、收藏、研究和展示与冰心同时代或稍晚些的海峡两岸特别是闽籍文学名家的著作版本、手稿手迹、实物资料等。首批初定 10 人,分别是林语堂、郑振铎、庐隐、许地山、林徽因、杨骚、郭风、蔡其矫、何为、余光中。这 10 位库主,每一位都是现当代文坛上的重量级人物。有"两脚踏中西文化,一心评宇宙文章"的林语堂,有"狂胪文献耗中年"的一代才子郑振铎,有自称"落华生"的著名学者许地山,一生坎坷的"福州三才女"之一的庐隐,有集美貌、智慧和勇气于一身的传奇女性林徽因,有左联作家、中国诗歌会发起人之一的杨骚,有福建籍著名散文家和儿童文学家郭风，以及当代著名诗人蔡其矫，当代著名作家何为和台湾著名诗人余光中。文库征集的范围包括：1.作家的手稿、手迹、签名；2.作家用过的物品，尤其是书桌、书橱等；3.作家的照片、图片与音像资料；4.作家出版的各类著作版本和作家收藏的书刊；5.与作家有关的信件、文章；6.作家收藏的字画；7.其他具有一定保存和研究价值的文件、报纸、书刊、书信、日记、图表、实物等各种文物文献。在条件成熟后，每一位作家都将拥有一个60-100平方米的展区，陈列展出这位作家的著作版本、手稿与实物等，以供社会公众参观与专家学者研究；在冰心文学馆的配套公园内还将立起这10位库主的雕像群，供人们瞻仰。

与此同时，"今天的手稿就是明天的信史"，随着时光的推移，尤其是电脑、平板、手机等电子设备的迅速普及，许多珍贵资料将散佚不可复得，手稿的保存也将越来越难。因此，"海峡作家文库"也将对当代海峡两岸重要作家的手稿、手迹、著作版本、实物等资料进行收集与收藏，条件成熟后，还将对每一位作家以文库的形式展出，供人们参观和研究。

在"海峡作家文库"启动之时，冰心文学馆已基本完成对郭风遗物的征集工作。郭风的家人将大部分郭风的遗物捐赠冰心文学馆，包括书柜书桌、文房四宝、寿山石印章、奖牌奖章等实物94件，字画7幅、手稿手迹419页、著作版本77本、藏书3149本、信件101封、贺卡90封、各类首发报刊剪贴件15盒等，其中甚至有郭风儿时坐过的小竹凳，迄今有100年历史。郭风的女儿郭琼芹在7月10日当天举行的"海峡作家文库"启动与捐赠新闻发布会上说："我把父亲毕生积攒的文化财富，他珍藏的书籍、手稿、书信、图片、家具等遗物捐赠给冰心文学馆，能为'海峡作家文库'的建立出一份力，父亲泉下有知，也一定会支持。……从今往后，父亲在冰心文学馆里有了一间特殊的书房，这间书房将复活父亲孜孜探索文学

何为先生遗物捐赠仪式。

至美境界的灵魂,对话祖国一代又一代文学后人。"她还亲手把冰心赠郭风的"闻鸡起舞"题字和著名作家端木蕻良的信件捐赠给文库。

同时征集到的,还有福建师范大学中文系教授孙绍振在当代文学史上有重要意义的《新的美学原则在崛起》的手稿18页、在美国的英文讲课提纲12页及《文学创作论》手稿131页等,省电影家协会副主席邓晨曦代表作《铁甲家族》的手稿2871页,诗人哈雷的诗歌手稿若干篇。

时任福建省文联党组书记、副主席范碧云表示:"这是一项有超前意识、战略眼光和文化价值的工作,是站在宏观的文化背景下考量如何促进文学事业的发展,是一个文化单位、一群文化人在自觉地加大对优秀文化传承、抢救的责任与担当。"她认为,冰心文学馆集收藏、保护、研究、普及、交流、学科建设等多功能于一身,是闻名全国、辐射世界的文学窗口和文化阵地,文库的建立有助于其丰富馆藏内涵、强化整体建构、突出海峡特色，为福建文化强省的建设贡献更多宝贵财富。

2011年7月21日，冰心文学馆举行"海峡作家文库"第二次新闻发布会，接受庐隐和杨骚的文献捐赠。杨骚的次子杨西北出席并发言，他非常赞同建立文库，他认为随着时间的推移，一些现代作家慢慢被淡忘了，研究者包括被研究者的后人要收集他们的资料是相当不容易的，冰心文学馆筹建海峡作家文库是一项非常有意义的事业，作为被收藏的作家的后人，有义务共同把这个文库建好。杨骚是中国左翼作家联盟成员，是中国诗歌会、文化界反帝抗日同盟等重要团体的发起人之一，当年风靡一时的《铁流》《十月》等名著的第一个中文译本正是出自杨骚之笔。杨西北在此次发布会上，现场捐赠了多年来他编辑杨骚作品集与传记作品，有1989年厦门大学出版社出版的《杨骚选集》，1993年出版的《杨骚的文学创作道路》等，特别珍贵的还有杨骚亲笔签名的藏书——白朗著的《为了幸福的明天》，以及杨骚的电子相片资料29份。

另一位获赠资料的库主是庐隐。庐隐的作品研究在新中国成立以后都较为薄弱，曾经整整20年都没有人出版过相关研究书籍。但事实上，庐隐作为文学研究会最早的成员，"五四运动"的产儿，在她短暂的写作生涯中，创作了几乎涵盖所有种类体裁的文学作品多达250余部，可谓用生命燃烧了文学的光芒！她的为人和为文，无不彰显出独特的个性与魅力，在中国现代文学史上曾经留下不可抹灭的文学烙印。来自上海同济大学的钱虹教授在就读研究生的时候，开始研究庐隐，先后出版有《庐隐选集》（上、下册）、《庐隐集外集》、《庐隐散文选集》等研究资料。她便把这些研究著作的一手资料和有关手稿捐赠出来，并在会上动情地讲述了她研究庐隐的缘起和搜集细节。

殊为难得的是，钱虹教授此行意外获悉庐隐的大女儿郭薇萱老人就住在福州,并确认了住所。23日,笔者等人陪同钱虹来到福州市仓山区下藤路251号的邮电小区,拜访了郭薇萱老人。已经86岁高龄的郭老太太耳聪目明,面带慈祥,谈吐清晰。她拿出一本老相册,一边翻看,一边回忆起她的母亲来。

比如,在上海的时候,郭薇萱正在学"加减"法,有一次她突然问母亲:"妈,加减法学完了再学什么?"母亲回答说:"还要学乘除法,学很多很多的东西。学习是无止境的……"比如,有一天郭薇萱患了感冒,母亲让她在家里休息,买了一瓶阿司匹林(笔者注:药名或有误),还买了她最爱吃的巧克力和几本书,叮嘱她什么时候吃药,吃多少片,要多喝水多休息,只能看看书,然后才轻轻地带上门上课去。

郭薇萱说,毕竟她是郭梦良家的一线血脉,爷爷、奶奶、大妈(郭梦良发妻)都是疼爱她的。她在郭宅小学毕业后,考入毓英女子中学,抗日期间随校迁往闽清县。不久到南平入华南女子大学附中高中部,直到1944年毕业,回福州当过临时小学教师、轮船公司助理办事员。新中国成立后她又先后在临江小学、师大附小、麦顶小学任教,直到1983年退休至今。她说,因为李唯建跟妹妹郭恕先到了成都后,杳无音信,很想能跟妹妹再见一面。

笔者也提及,冰心文学馆自2010年打造"海峡作家文库",庐隐作为跟冰心齐名的同时代女作家,亦选入其中,请郭薇萱老太太给予支持。她欣然接受,并让我们翻拍了一些她家里的老照片,充实庐隐资料……

2015年1月22日至24日,时任冰心文学馆馆长刘东方带队前往上海接收老作家何为先生的一批珍贵遗物。何为的两个儿子何亮亮、何堂堂讲述了父亲是生前住地上海陕西南路63弄13号小楼的读书往事,何亮亮特别谈到父亲是个爱书的人,多次搬家都没有忘记带上书;还说到自己小时与弟弟"偷书"看的趣事,并介绍了自己整理父亲书籍时满满的回忆和感动。

2016年12月8日，冰心文学馆举行"何为先生遗物捐赠仪式"。福建省文联书记处书记、副主席陈毅达，福建省作协秘书长林秀美，著名作家何为先生的长子、香港凤凰卫视资深评论员何亮亮及夫人俞红妹，次子、上海荣昶公益基金会理事何堂堂及夫人林建榕等出席仪式。

在捐赠仪式上，陈毅达书记表示已故著名作家何为先生是"海峡作家文库"首批十位重点作家之一，对其遗物的收集与收藏对文库的建设，对冰心文学馆的未来发展，对海峡两岸的文化交流，都具有重要的意义。经过细致的清点和统计，何为家属捐赠的珍贵遗物包括：手稿33份，名人信件2封，证书奖章等实物38份；另有藏书计815本，其中何为著作版本有35本，选编何为先生作品的书籍有131本。这些珍贵遗物，记录着何为先生一生创作生涯的重要信息。何亮亮先生在捐赠仪式上说，他的父亲曾表示八闽大地是他作品的源泉，而这些跟随了多年的藏书、物品要有个好的归宿，同时希望捐献给冰心文学馆，如今完成了父亲的遗愿，感到十分欣慰。冰心文学馆馆长刘东方代表冰心文学馆接收捐赠，向捐赠人颁发了捐赠证书，并表示这些珍贵的遗物，将由冰心文学馆统一整理入库，妥善保管，选择在合适的时机，对外展览陈列，让广大读者和观众得以近距离感受何为先生精彩的文学世界和丰富的人生……

实际上，"海峡作家文库"的建设都离不开库主和家属的热情支持与大力协助，甚至是无私的奉献精神。这些多年来珍藏在自己身边的每一件物品，都饱含着库主的家属对先人和家庭生活的深厚感情与永恒回忆。况且，在拍卖市场上，这一类的手稿手迹、著作版本和书信资料等藏品的售价都在节节攀升，但他们都以国家和社会利益为重，以文物所蕴含和展现的精神财富为重，无偿捐献了出来。这，无不令人肃然起敬！

"海峡作家文库"是一个长远的、具有现实意义的文化工程，是站在一个宏观的历史背景上，促进当代文学事业发展，加大对文化传承抢救，传播中华民族精神的一种历史责任。同时，对冰心文学馆的建设与发展，对福建省建立文化大省，开展海峡两岸的文化交流，都具有战略性意义。

　　在"海峡作家文库"的基础上，冰心文学馆策划了"海峡闽籍作家成就展"，并在广泛听取意见后，整理出了"闽星闪烁——中国现当代闽籍作家成就展入围方案"。入围条件为：（一）现代作家、文学评论家、文学史家（1919—1949.10）。一是在文学界具有国际性或全国影响，文学创作成就全面、突出，现代文学史上有重要地位的现代作家。二是在小说、诗歌、散文等某种文体上具有较高成就，在文学史、文学思潮史上留下重要印记的现代作家。（二）当代作家、文学评论家、文学史家（1949.10—）。一是作品体现了当代中国文学或研究的思想高度和艺术水准，曾获得国际或全国文学大奖，在国际或是全国有相当的知名度。二是在小说、诗歌、散文等某种文体上或文字研究领域具有较高成就，在当代文学史、文学思潮史留下重要印记的当代作家。按照这样标准入围的作家除了上述10位首批库主外，还有高士其、梁遇春、马宁、林庚、高云览、林林、邓拓等42人。

　　与此同时，创办于1992年的冰心文学馆馆刊《爱心》，自2015年夏季号开始专设"海峡作家"栏目，鼓励对海峡两岸的闽籍作家进行研究。栏目内容包括：作品研究、作品赏析、版本研究、传播研究、名人纪实、名人访谈、名人书信、回忆录、名人轶事、手稿手迹研究、研究动态等等。栏目开设不久，就引起较为强烈的反响，推荐佳作的有之，毛遂自荐的有之。

　　我们相信，每一位作家都是一个宝库，值得深入挖掘和研究。而海峡两岸文学名家的文物资料齐聚一堂，将使冰心文学馆的内涵更加深厚，外延更加广阔，影响更为深远。相信经过冰心文学馆人不懈的努力，冰心文学馆将逐渐发展成为继中国现代文学馆之后，我国南方一座具有代表性的群体作家的综合性博物馆，成为海峡两岸以及中华传统文化中的资源宝库！

冰心文学馆（侧记）

（一）泉州展览

坐在从长乐驶向泉州的货车中，我的心也随着颠簸的路程忐忑。"压车"，或许在字典里找不到这个词，但是对于我而言，这就现在要承担的工作：货车装的是三个长 2.3 米，宽 1.4 米，高 0.7 米的大木箱子；而我的工作就是负责把这三个大箱子运到目的地——泉州。

车外的雨淅淅沥沥地下着，一如既往地不厌其烦。福建山多，人多，雨水也多；窗外的雨已经连续下了近两个礼拜，很多地方都

不同程度地遭受了洪水的侵袭。在这样的天气里出行，着实让人不得不担上了心。就在昨天，部门的刘君瑜主任还特地让我确定一下今天的天气情况，如果天气实在太差，要向刘东方副馆长汇报，考虑延期；结果，一个词下来："雷打不动"。不过，话虽如此，为了安全起见，他还是决定亲自带着我"压车"，以策万全。

泉州展览剪彩仪式

这是我第一次参加冰心文学馆流动展览的举办：三个大木箱子里装的是"冰心生平与创作展览"的几十块展板；这一次展览举办地是在福建省的泉州市，一去就是一个多礼拜。现在，刚刚出行就碰到这么恶劣的天气，不免有点惴惴不安，生怕有什么意外。或许，刘副馆长觉得气氛有点烦闷，就和我谈起了以前的几次外出展览和馆里的几次大的活动。末了，他有点意味深长地说："我们馆历来做活动，办展览，都有个特点，那就是，不管活动之前的天气怎么差，活动的当天必定是乌云散去，正常举行。真的是，替老太太办事情，连老天爷都会帮忙啊！"——他说得这么的肯定，仿佛一切都是如此的当然与不容置疑。类似的话，我不止一次地听过了，从王炳根馆长以降到保安，莫不如是。

看了看窗外的雨，却丝毫没有减小的迹象，更不论停止了。我的心想："真的是这样吗？"

泉州，又称鲤城、刺桐城、温陵，地处福建省东南部，面积11015平方公里，辖鲤城区、晋江市、石狮市、南安市、惠安县、永春县、安溪县、德化县和金门县等九个区域。人口600万人，其中回、蒙、畲等42个少数民族十余万人，通用闽南方言。

我的老家就是在泉州的永春，因此，这一次展览也算是我的一次故乡之行。为这次展览提供场地的是位于泉州市鲤城区的万维生邮票艺术馆，从泉州市区到永春也就一个半小时左右的路程；我盘算着在展览的间隙，抽空回老家，去看看我的父母亲。

一阵急促的手机铃声响了起来，把我从思绪中拉了回来。接了电话，是泉州接展方打来的，询问我们的情况；这时，我才发现，货车已经快到泉州了。问明了进入泉州以后的行车路线，我挂了电话，整理好思绪，做好了开始布置展览的准备。

车在展览场地停下，已经先期抵达的刘君瑜主任和万维生邮票艺术馆的小连已经在门口等着了。冒着雨，几个搬运工人把三个大木箱子从车上卸了下来，并搬到三楼的展厅。布展工作开始了。

这是我第一次担任布展的工作，刘副馆长决定带我从头到尾熟悉一遍。于是，我跟着他先考察展厅的空间、光线、高度；然后测算展厅可容纳展板的数量，对展板的内容进行必要的调整；再将三个大箱子打开，检查展板的完好情况，对破损的展板进行必要的修复；接着，将展板逐一放平，按顺序排列好；做好了这些准备工作，就开始在墙上挂上挂钩，把展板整齐划一地沿水平线挂上去；展厅布置完毕，才是布置条幅、花篮、桌椅等物品；最后，还有一项工作，把我们馆里代售的有关冰心的一些书籍摆放在展厅的服务区。——做完这些工作，时间已经是到了我们在泉州的第三天。我终于明白，为什么6月9日开始展览的活动，而我们需要6月6日就出发布置

泉州展览参观盛况

展览。

6月8日下午,我布置好了展览,回到酒店,就接到一个电话,原来是家里打来的。我这才发觉到了泉州以后,都没有时间回家去看看,心想,接下来几天兴许可以吧。

这个时候,王炳根馆长陪着冰心先生的女儿吴青老师、女婿陈恕老师,业已来到了泉州;随同他们前来的还有吉林卫视的三名记者——原来他们是跟随吴青老师拍摄吉林卫视一个纪实栏目《回家》,已经从北京跟到了泉州。

吴青老师和陈恕老师一如以往的和蔼与亲切,一看到我,吴青老师就认出我是刚来到冰心文学馆工作的小伙子。看着这位可敬的老师,我的内心迸发出一种莫以名状的激动:冰心先生是不是也如她的女儿一般的可亲,可爱呀!

回到酒店的房间，已经是晚上的9点多了。刘副馆长说要早点休息，养足精神，第二天才好应付展览开始当天的繁忙。我却有点不能入眠，因为窗外的雨还在噼里啪啦地下着，还是一如既往的不厌其烦；雨，三天来一直都没有消停的迹象，天气预报说明天的天气依然是大雨。难道真的有奇迹发生吗？

6月9日终于到了，我迫不及待地拉开房间的窗帘，一缕阳光透过云层映入眼帘，下了快三个礼拜的雨真的奇迹般地停了。若非亲眼所见，真的很难相信；终于，我在心里面相信，给老太太办事，连老天爷都会帮忙。出了房间，碰到大家都是笑逐颜开，都在谈论着这天气这雨这阳光和着这"奇迹"。

上午9点30分，由泉州市文化局、教育局、市文联及冰心文学馆、冰心研究会主办，泉州市作协、万维生邮票艺术馆、福建龙头山粮油有限公司、全芳（福建）食品有限公司、万维网络开发有限公司、万维网络学校协办的"永远的爱心——冰心生平与创作展览"泉州巡回展在泉州市万维生邮票艺术馆正式开展了。泉州市人大常委会副主任周子澄，市政协副主席王仁杰，冰心文学馆馆长、冰心研究会会长王炳根，以及北京外国语教授，冰心先生的女儿吴青、女婿陈恕参加了当天的剪彩开幕仪式，并各自做了简短的发言。当天到场的还有五十名泉州的知名人士、专家学者和两百名学生代表，以及主办方和协办方的代表。同时到场进行媒体报道的有海峡都市报、福建教育报、东南早报、泉州晚报、泉州青年报及泉州电视台等多家单位。

开幕仪式结束之后，展览正式对外开放，馆里的每个人都各司其职，忙碌起来。我则承担了拍照的工作，为这次展览留一些资料。

陆陆续续地，进来参观的人越来越多，除了出席开幕仪式的人以外，还有很多闻讯赶来的群众。我把镜头对准了他们。这时，我注意到从门口进来了一个年轻的妈妈，怀里还抱着一个三四岁大的女孩，旁边则是一个五十多岁模样的中年妇人，看样子是这位妈妈的母亲或者婆婆。她们一边看着，还一边小声地说着话，像是在谈论着什么。这样的一家三代人来参观展览倒是很具代表性。我不由地对她们产生了浓厚的兴趣，于是，走上去，跟着她们慢慢地走。只听到那小女孩子奶声奶气地问这问那，无外乎"这是谁啊""这在哪里啊"之类的话，她的妈妈则不厌其烦地照着展板上的文字说明轻轻说着，时不时地，旁边的奶奶也插上几句话。以前，都是自己作为讲解工作者给参观的人们讲冰心先生伟大的一生和她的伟大作品，现在，我听着这样一个母亲给她的孩子讲冰心先生，心里莫名地感到一种激动：冰心先生的爱不就是这样以家庭，以孩子的方式，

祖孙三代参观展览

一代一代延续下去的吗？冰心先生的文章与其他人的一个显著的不同就在于，她的文章都是在一种爱的名义下完成的，不论是她年轻时候的诗歌、小说，还是中年时候的散文、随笔，或者老年时候文风迥异的杂文；冰心先生的作品从来不是属于她一个人的个性化写作，而是反映家庭、反映社会的带有强烈责任感的感性写作。家庭，对她来说，是写作的源泉；孩子，就是她写作的动力；社会，则是她写作的责任。所以，冰心先生的作品是写给孩子的，写给家庭的，并最终为社会所承认和接受。现在，在我眼前的不正是这样的情景：一个代表着美好未来的孩子，一个由孩子和妈妈组成的温馨的家庭，还有一个孩子、妈妈和奶奶结合起的最简单最基本的社会！——原来，冰心先生所描绘的爱，是这么的简单而实在，是如此的广泛而深远。爱就是这样的一种和谐！

不知不觉地，我已经跟着她们走了许久。这时，那小女孩指着展板上的冰心先生戴着红领巾和小学生的合影，很兴奋地说："妈妈，你看，她戴着红领巾呢！长大了，我也要戴红领巾！"那母亲也凑了上前，说："你上了学要好好读书，只有读好了书，成绩好的小朋友才有红领巾戴。"——我正听得入神的时候，刘副馆长不知道什么时候走到我的身边，对我说："你看，这个镜头非常好，要赶紧抓住。"边说，边接过我手中的相机，靠上这祖孙三代，摁下了快门——于是，有了这么一张祖孙三代参观展览的照片。

刘副馆长把相机递给我，说："拍照做资料，要懂得抢镜头，懂得抓细节，还要能体现主题。"我细细地品味着这句话。果有所得。

就在我想得出神的时候，旁边有人拍了我一下，把我吓了一跳。我仔细一看，这不是我初中时候最要好的朋友兼同班同学 G 君吗？他见了我，大笑道："没想到我会来吧。我就是准备出其不意吓你一跳。"看了三年多没见的老朋友，我有点喜出望外，说："你怎么知道这里，怎么会来啊？"他倒是有点不以为然，说："我怎么不知道，怎么不会来？我们学校听说泉州有这么个展览，就派我先过来看看，打打头阵。我就立马过来了，刚好可以见见你这老同学。"他这一说，我想起来了，他是在泉州的一所职业学校当老师。

接着，G君跟我询问了一些展览的开放情况之后，说："这样吧，后天我们要专业会考，那就明天下午，我带一批学生过来参观参观。"听完，我愣了下，会考？忙问他："后天你们会考，怎么明天还来参观？"他笑了笑，很自然地说："这有什么，等他们专业会考完展览都结束了，当然只有明天来咯。""你们不怕影响成绩吗？"

G君的目光落到展标的冰心头像上，若有所思地说："考试不是常常有的事情吗嘛。这个展览可是就这么一次，也该让那些学生亲身接受下'爱'的教育了。机会，难得啊。"

（二）一片冰心在宝岛——略记"冰心生平与创作"台湾展

作为世纪老人的冰心，在她99岁漫长的人生旅途中，曾在美国留学、日本旅居、欧洲游学，而作为著名的作家与社会活动家，她到过世界上许多的国家访问，但是，她却始终没去过台湾。而台湾，有她的亲人、朋友，有她许多的"小读者"，她梦牵魂绕的大海与高山，玉山雪峰、阿里山神木、日月潭的波光，多少回地出现在她的梦境里。于是，在她八十岁的那年春节，老人动情地写道：

> 因为我从来没有去过台湾，更因为在台湾还有我的亲戚朋友，以及我神交已久的作家们，使得我对于这座离开母体三十年的台湾宝岛，常是念念不忘。

2011年3月12日至4月5日，"冰心"终于来到了台湾，完成了未了的心愿。由台湾创价学会、冰心研究会、冰心文学馆联合举办的"有了爱就有了一切——冰心生平与创作展览",在台北至善文化馆举行。

1. 紧张而忙碌的准备

"冰心"赴台展览的构想,早在冰心研究会成立之初,1994年春天,台湾春晖影业公司拍摄影像版的中国现代文学史,雷骧、蔡登山、陈信元诸君多次来闽,拍摄有关冰心的部分。那时,我们便企划着赴台进行冰心展览的事情。那时,冰心先生健在,台湾友人也曾多次邀请她访问台湾,但80岁之后的冰心,基本足不出户,出访台湾虽然是她的愿望,但那时,她像国宝熊猫一样的被保护了起来,如何能成行。但展览却是有可能的,为过,这个可能性也就一直延续着,便也成了冰心研究会会长王炳根的一个心愿。

机会在向愿望走来。

2005年12月24日,当年,适逢冰心诞辰105周年,冰心文学馆迎来了由著名画家李奇茂率团的台湾知名艺术家代表团一行十数人,他们是来福建考察的,当天专程来冰心文学馆参观。艺术家们在馆里驻足良久,流连忘返,临别前,李奇茂教授题下了:三山长乐女,中华文化魂。在走出展厅时,李教授停下了脚步,轻轻地说了一句:"我一定要把冰心的展览带到台湾去。"

过了五年,2010年为了纪念冰心诞辰110周年,冰心文学馆举办盛大的系列纪念活动,其中有一项具体活动是,参与福建省台联举办的第二届海峡论坛——"和平小天使·两岸手拉手"活动,活动安排两岸的小天使参观冰心文学馆,并请冰心文学馆馆长王炳根给小天使们做一场关于冰心"爱心精神"的讲座。活动安排得到冰心文学馆的热情响应,并由冰心文学馆联络宣教部具体接洽相关事宜。初夏的6月21日,两岸和平小天使如期来到冰心文学馆参观、听讲座。在得知台湾小天使赴闽活动中,台湾创价学会做了许多实质性的工作，王炳根馆长讲座时特别谈到了冰心与国际创价学会会长池田大作的友谊，谈到了冰心文学馆与国际创价学会的合作，谈到了在日本创价学会设立的"冰心青少年文学奖"，也谈到了与池田大作会长的交往……讲座引起小天使们一阵又一阵热烈的掌声。参观结束后，随团来馆的台湾创价学会文化教育会议谢秀生议长，当即表示邀请冰心文学馆到台湾举办冰心展览，邀请王炳根到台湾举办讲座。谢议长得知2010年8月22日，是冰心诞辰110周年纪念活动召开的日子，又提议把第十二届台湾小天使访问活动的时间调整到8月下旬，以便能参加这样难得的盛会。

8月20日，第十二届和平小天使翩然而至，随团而来的，还有台湾创价学会未来部易汶杏部长、文教处洪玉柱处长，客人们带来

▎ 2010年6月21日，海峡两岸历届"和平小天使"聚首冰心文学馆

赴台展览草案，同时邀请王炳根进行巡回演讲。这年冰心文学馆年度"发展与管理研讨会"，赴台展览提到了重要的议事日程，并作为一年度的重要工作。全力以赴，办好赴台的展览，既是了却冰心的心愿，也是实现了王炳根的愿望。

冰心展览首次登陆台湾，从意向到确认，通过这两次会面已经基本确定，台湾创价学会的诚意和工作效率也给冰心文学馆的工作人员留下非常深刻的印象。经过创价学会和冰心文学馆双方的共同努力，至2010年9月中旬，赴台展览、演讲的事项初步确定。由此，台湾展览的前期工作便紧锣密鼓地开展起来。

首先是要确定赴台展览展览方案与设计，而这一切都要从脚本开始。冰心文学馆除常年展厅的展出外，还有一套流动的展览，这个展览，先后在北京、上海、新加坡等地举办过。王炳根馆长认为，台湾对五四新文化运动有很深的了解，对包括冰心在内的这一代五四作家有很深的了解，所以，赴台展览必须做到，通过图片与实物，让台湾的学人真实的感受到那个时代的文化氛围与文学精神，所以，他提出三点：一是此次展览，展品都必须使用真迹，包括手稿、实物与著作版本，尤其是民国时期的报刊与版本，同时，要求台湾方面投保；二是新增冰心与台湾部分，包括校友宋美龄、一生知己梁实秋、留美学人孙立人，以及苏雪林、林海音、痖弦等等的友谊与交往；三是增加冰心和冰心文学馆与国际创价学会、尤其是与池田大作的友谊和交往的内容。

展览的脚本从工作范围来说，应由研究展览部来完成，但冰心文学馆是实行全岗位、全员讲解的单位，对于每一个有关冰心业务与研究的岗位，王炳根馆长要求每一个人都要熟悉，尤其是中层的干部。因而，这次新增展览的脚本便由赴台展览的责任部门联络宣教部来完成，邱伟坛副主任便成了具体的撰稿人。展览在很大的意义上，有着文化的记录与显示，邱伟坛所学恰为历史，这对他从细部把握脚本的写作，有了某些的契合。但他对展览所需的另一个方面，即对参观者感情的冲击，有些生疏。王炳根馆长在为其修订与最后确定时，加重了这方面的因素。同时，因为新增加的两个部分，考虑到台湾的文化与文字的实际，使用繁体字，而原告的版面均为简体字，这样就出现了一个展览两种字体的情况。为此，王炳根馆长召开了专题会议，提出了新构想，全部的展览重新制作，全部使用繁体字，再次体现了对赴台展览的重视。而此时，已近春节，春节过后，二月也就剩下十几天的，如此等于重新制作一个展览，王馆长决定充实力量，由刘东方副馆长负责对展览的设计与制作。刘副馆长接到任务，连夜加班，春节期间也未停止，直到2月24日，繁体版的《有了爱就有了一切——冰心生平与创作展》，平整地摆放在多功能厅，接受最后的审查。王炳根馆长在看过重新制作的全部展览版面后，提出几处修改意见，赶在台湾创价学会派员来接收之前顺利完成。

赴台展览相关手续的办理，也是紧张的进行。10月，赴台人员的名单已经确定，第一批由王炳根馆长率团，陈国勇副馆长，联络宣教部副主任邱伟坛，研究展览部刘冰冰、江鏐佳等组团同行，其中邱伟坛和江鏐佳3月3日赴台进行布展工作，其他人员于3月5日赴台参加开幕式及相关活动，3月14日返回；第二批由馆长助理李密密负责，办公室陆广星同行，于4月6日赴台撤展，4月8日返回。此时，台湾方面寄来了《大陆居民往来台湾地区申请表》，交由相关赴台人员填写，开始了台湾当地入台手续的办理工作。没有意料到的是，赴台举办展览，大陆的审批的程序非常严格：冰心文学馆向省文联打报告，省文联发函向省文化厅申报，省文化厅批复后，再请国家文化部审批，文化部同意后函告国台办，国台办批准后，批复到省台办，省台办方可出证明，福州市出入境管理处办证，出行。六道审批程序，每一道程度按照法定的批文时间计算，也需要三个月的时间。可说是非常紧迫了，邱伟坛作为为责任人，电话跟踪一刻都不敢放松，文件到哪，电话便到，有时文件没有到，电话就到了，生怕那一道程序停顿或受阻，比如经办者或批准的领导，或有开会、出差等，急得不行。往年过春节，觉得时间短，今年的春节假期为何如此漫长？就盼着上班，好打电话催件。

台湾方面的批件与办证，2011年1月14日便已全部办妥，至此，但大陆此时的批件，直到春节之后的还没有从文化部走出。此时，离3月5日首批人员赴台已不可能，3月12日的开幕式时间已经无法更改，只能将赴台日期推后到3月10日，王炳根馆长同意由台湾创价学会派专人到馆接收展品，由他们进行布展。他认为，手续的审批由于我们缺少经验，人员万一不能成行，展览必须如期在举行。同时台湾创价学会表示，希望能在这次展览中看到冰心的真迹，他们将为冰心的实物展品提供一千万台币的高额的保险。而在手续的办理方面，加大力度，由陈国勇副馆长介入，借助一切力量，尽最大的努力，力争人员成行。

2月25日，台湾创价学会文教处企划部主任林蓝娣主任一行3人，如期来到冰心文学馆接收展品。次日是星期六，林主任一行专程赶到王馆长家里，对王馆长进行采访，并把采访的影像资料带回台湾。2月27日，林主任一行带着3箱珍贵的展品乘坐航班顺利返回台湾，这样无论如何，冰心台湾展览可以如期举行了！

3月4日，冰心文学馆举行赴台展览新闻发布会。王炳根馆长在发布会上，通报了赴台展览准备工作进展情况，当记者问起关于赴台参加活动的具体安排时，王馆长坦言还需看办理赴台手续的情况后才能确定。新闻发布会的当天下午，省台办的陈翔同志，打了一个电话给联络宣教部的邱伟坛副主任，说："已经收到国台办批复，可以马上到省台办拿赴台证明。"短短的一句话，让为此忙碌整整3个月的小邱同志如释重负。此后就是繁琐的办理赴台证件的过程。

至3月9日,《往来台湾通行证》终于办理妥当,看来好事确实会"多磨",联络宣教部邱伟坛副主任应该最有体会,近半年的辛苦奔波终于迎来了赴台展览的最后成行。那天,窗外飘着细雨,邱伟坛的心里却是一派春光明媚。

3月10日,王炳根馆长率团,冰心文学馆一行5人,登上厦航MF883航班,赴台北参加"有了爱就有了一切——冰心生平与创作展览"系列活动。

2. 在台湾

(1) 初上宝岛的土地

包括王炳根馆长在内,我们都是第一次来到台湾。台湾对于邱伟坛、刘冰冰、江鏐佳而言,是个"近在咫尺却远在天边"的地域名词,是小学语文课本中的《日月潭》。她和内地虽然只隔着窄窄的一道海峡,却总是"遥遥相望"。台湾,犹如一幅远观的油画,熟悉又陌生。这一次,"冰心"老人带着我们终于来到了台湾,让我们能够踏在这块热土上,感受她的无限魅力。

2011年3月10日下午4点45分, 冰心文学馆一行5人抵达台北松山机场。台湾创价学会文教处处长的洪玉柱先生、理事长秘书杨智雯女士、文教处企划部主任林蓝娣女士和文教处业务部李世温先生前来迎接。洪玉柱先生代表林钊理事长,对王炳根馆长一行的到来表示热烈的欢迎。在机场,李世温先生架着摄像机,林蓝娣女士拿着照相机,在不停地忙碌,显然,他们已经恭候多时了。台湾创价学会专门为我们准备了3辆小车,每辆车上都有陪同人员。有一件很平常却又让人感到温馨的事——在我们从机场驶向圆山大饭店的途中,问及台湾的天气情况,坐在副驾驶位的李世温先生立刻拿出手机,上网"搜狗"了一下,查询到天气预报告诉我们,并告诉我们要及时添加衣服,一下飞机便让我们感觉到创价学会的温暖。

圆山大饭店，这座宏伟的中国宫殿式建筑散发出庄重高雅的传统与现代的气息，我们此次展览便下榻于此。安置好行李，在圆山饭店的"圆山苑"品尝当地特色的点心，便开始了工作。至善艺文中心一楼展厅，是"冰心生平与创作展览"展出场地。至善文化会馆在台北故宫的正对面，地理位置非常理想。而踏进展厅那一刻，顿时感到耳目一新，展览布置得非常到位也极其精致！不仅每张图片都用金色框架镶起来，手稿手迹也是如此。展出的报纸也用画架撑起来，可以让观众们近距离接触。展厅中间还摆出了冰心大陆版本与台湾版本的书籍，供观众们自由翻阅，每个单元前都配有冰心的小诗，就连展厅的转角处都摆上了冰心最喜爱的玫瑰花，整个展览突出了爱与温暖的主题，包括色彩的使用，装饰品的设置等。王馆长对此非常满意，他认为，展览布置得非常专业，且有修改与风格，这在流动展览中是不多见的。

在台北至善艺文中心2楼会议室，洪玉柱处长、杨智雯主任等向我们通报了详细的行程以及开幕式、讲座的具体安排，日程中，陪同人员、活动地点、活动时间都一一列出，细致到几点几分，就连开幕式座位的示意图，都打印好了交给我们。王馆长说："台湾创价学会和日本创价学会不仅理念相通，办事的作风也非常相似，每一分钟都掐得很准，周到又严谨。"同时，我们还审看了为本次展览而专门拍摄的宣传片。

一下飞机，便马不停蹄，一直忙到晚间9时。而在日程表上，还有两项活动未能完成，一是登高101，二是逛书店。夜雨中的101，灯光隐没在雨雾之中，我们只得坐在车上，绕圈而行，之后，停泊在101大楼对面的诚品书店。据说此处为它的总店,24小时营业，让阅读永远不打烊。并与家居馆、咖啡馆、音乐馆、文具馆等结合为一体，秉持人文、创意、艺术、生活的精神。进书店时，王馆长给大家规定了一个时间，结果，他自己一走进书店，便如游入大海，一头扎进现代书橱前,挑选冰心文学馆海峡作家文库所需的著作版本,林语堂、余光中、许地山等等,这些版本在大陆都是见不到的,而在这里却是可以满载而归。而岂止是王馆长,每一个人都在挑选,将时间抛在了脑后,等到清醒过来,已近子夜了。

(2)隆重的开幕式

开幕式是每次展览的重头戏,这天将有嘉宾云集,台湾的各界的知名人士,将出席这个大陆首位现代著名作家在台湾的生平与创作成就的展览。冰心文学馆在福州召开展览的新闻发布会,通过中国新闻社、新华社等媒体,业已在台湾的媒体落地,冰心的展览开幕,成了当天台湾文学界、文化界、教育界的一件盛事,成为两岸和平与文化交流的盛事。

3月12日上午10点30分,在至善艺文中心4楼新世纪厅举行了隆重的开幕式。台湾创价学会理事长林钊,冰心研究会会长、冰心文学馆馆长王炳根,台湾名画家李奇茂,台湾行政院大陆委员会副主任刘德勋,国立台湾文学馆馆长李瑞腾,国立台湾师范大学文学院院长陈丽桂,台北市文化局副局长陈冠甫,勤宣文教基金会董事长谢秀生,台湾中华企划人协会理事长翁林澄,台湾正因文化艺术基金会执行长朱台功以及台湾各界知名人士、创价学会会员等两百多人应邀出席了开幕式。专程前往台湾参加这次展览开幕式的还有冰心文学馆副馆长陈国勇,联络宣教部副主任邱伟坛,研究展览部刘冰冰、江镠佳。

在开幕剪彩仪式正式开始之前,由于日本发生了9级大地震和海啸,突如其来的灾难给日本人民带来了巨大的创伤,在主持人的提议下,在座的嘉宾全体起立,为日本人民祈福,为遇难默哀。开幕式上,嘉宾首先观看了介绍冰心生平与创作的宣传片,欣赏了母子俩的钢琴与小提琴合奏的表演。主办方的台湾创价学会理事长林钊先生致辞,他表示:"谢冰心女士在现代中国史上享有'文学之母'

的美誉。她的一生历经激烈动荡的20世纪，其文学作品大都以描写'青年'、'母爱'为主，论述'妇女的幸福'及讴歌'庶民的崇高'，广受欢迎，是一位超越一个世纪来种种苦难、彻底奋战过来的伟大女性。冰心女士与池田先生有许多的共同理念，其中，最大的相似点就是怀有一颗爱孩子的心，注重儿童教育。此次，创价学会有幸与冰心研究会、冰心文学馆合作，首次在台湾展出'有了爱就有了一切——冰心生平与创作展览'。展览共分为13个单元，全面展示了冰心一个世纪以来的风雨人生与文学成就。其中，在'与台湾'、'与国际创价学会'两个单元中，首次展示冰心与台湾的关系、冰心与池田大作会长'爱与和平'的共通理念与友谊，可说是一场难得的文化飨宴。"

已经86岁高龄，还患重感冒，但却带着病体专程赶来参加这次展览开幕式的名画家李奇茂教授，在台上发表了即兴讲话，他激动地说："今天感觉非常高兴，虽然我正在生病，可是终于达到我的心愿……冰心女士在我们整个世纪，在中国人类的母爱世纪，发挥了最大的思想。在今天这个社会，全世界55亿人口都需要'有了爱就有了一切'……如果假设林理事长有机会可以把这个展览从台北到台中到高雄，一直到变成世界的展览，一定会得到人们的欢迎，这也是我的要求，因为爱与和平，这个世界很需要……当我在5年前走进冰心文学馆，一张很大的照片让我看到以后心境突然一亮，想着冰心展览要是不能到台湾，我心里面就觉得不踏实，今天终于确确实实地实现了，我非常高兴，感谢林理事长，也感谢我们全体的工作人员，更感谢王馆长能亲自率团到达台北，这是非常好的一件事情……其实我今天感冒，重病，可是今天不管是什么理由，我爬也要爬到这里来，我一定要来到这里。我还带了口罩，但是我现在感觉感冒好了，也不头晕了，这就证明了爱可以'治病'……我希望我们今天在至善创价学会办展览这是一个开始，这不是结束。

台湾展览开幕式现场

我想要把冰心永久的爱与我们池田大作的人间和平,这个共同创作的理念在人类去滋孕,去生长,这是我的希望。"

王炳根馆长在致辞中对主办这次展览的台湾创价学会、台湾国际创价学会、勤宣文教基金会、正因文化艺术基金以及为这次展览付出辛劳的至善艺文中心的同仁们,表示了感谢,他生动地讲述了他与冰心老人面对面交流的经历,他讲到:"有一次,我与冰心先生谈到福建与台湾的关系,谈到台湾的老友,她流下了眼泪,她说,梁实秋在台湾,他是多么希望回到北京看看,听听北京小巷早间传来'赛梨的萝卜'的叫卖声,喝一碗地道纯正的豆汁……今天,'冰心'终于来到了台湾,可以说是却了她半个多世纪的思念与牵挂。"王馆长还指出,这次展览,展出了包括《繁星》《春水》《寄小读者》

《冰心全集》在内的初版本，它们都是民国二三十年代的版本，如此规模的展出冰心大量的初版本，这在流动展览中，尚属首次。同时还有冰心珍贵的手稿，冰心与一个时代知名人士的交往信函，都显示了台湾展览的不同凡响。这一次来台湾举办冰心的展览，让台湾的同胞和小朋友，走近这个一生为了天下平和与友爱而孜孜以求的冰心老人，感受她"有了爱就有一切"的爱心精神，这既是对冰心的了解，也是对大陆同胞的了解，冰心的这种大爱精神的存在与宣扬，本身便说明了观念的更新、社会的开放、文明的提升、时代的进步。

开幕式的剪彩，与大陆略有不同，他们不用礼仪小姐端着花球托盘，11个漂亮的花球下面各有个支撑架，剪彩的10位嘉宾在各自花球旁边就位后，创价学会的姑娘们端着剪刀彩盘奉上，她们身穿淡紫色的服装，整齐、靓丽又不失高雅端庄。待主持人一声："奉剪"，嘉宾们在热烈的掌声中剪彩如仪。

▌台湾展览现场

刘冰冰为到场的贵宾进行首场讲解。来宾们对本次展出的实物、版本非常感兴趣，包括吴文藻写给冰心父母的求婚信，也是展览的亮点之一。参观时，王炳根馆长还插入了冰心和吴文藻的爱情故事，更助来宾们的兴致。

冰心展览的在台北的开幕消息，中新社、新华社、中国日报网、中国网等大陆主流媒体，联合新闻网、台湾中央社、《旺报》、华视新闻网等台湾当地主要媒体，以及《苹果日报》、《菲律宾商报》等其他国家和地区的媒体，加上搜狐、新浪、腾讯、凤凰网等网络门户，

共有40余家媒体进行了宣传报道。

（3）两场精彩的演讲

王炳根馆长每次的出访，接待单位均会安排他作演讲，他在美国、日本、新加坡、马来西亚、香港等国家与地区，都做过关于冰心的演讲。由于他的学识渊博、讲话风趣，每次演讲都有非常好的效果。这次赴台展览，台湾方面有人在大陆听过他两次演讲，所以，台湾的演讲安排自然就成了题中应有之义。

3月11日晚上8点30分，王炳根馆长应邀到板桥文化会馆进行"有了爱就有了一切——冰心生平与创作展览"的启蒙讲座。有近500名创价学会的文化推广部学员、艺文中心导览员以及去年参观冰心文学馆的海峡两岸和平小天使们参加。在会馆前，小天使们以热烈的掌声欢迎王馆长一行的到来，并齐声喊着："有了爱就有了一切，欢迎冰心文学馆王炳根馆长！"小天使还给王馆长戴上了自制的精美花环。

一开讲，王炳根馆长以轻松幽默的开场白带动了全场的气氛，他说："非常荣幸，得到了这么多的掌声，这么多掌声在大陆你们知道意味着什么吗？意味着是领导做报告，但我不是领导，我得到了这么多掌声觉得非常荣幸；我还得到了这个花环，你们知道花环意味着什么吗？在大陆，意味着他是'劳动模范'，而我不是劳动模范，但是我得到了这样的荣誉。'劳动模范'只有一朵花，而我这里不是一朵花，我戴着的是一串花，所以我比'劳动模范'更加'劳动模范'。这个荣誉是谁给的？是你们给的，是创价学会给的。"即兴开场白得到了全场热烈的掌声。接着，王馆长又动情地说到："在我们来之前，谢议长告诉我，今天日本发生了大地震，还有海啸，它波及到大陆的广东和福建，你们在这里等待我们的时候，在为受难的人们祈福，这让我非常感动。我觉得你们在创价学会里面生活，你们为生活创造了爱，创造了温暖；你们为世界创造了爱，创造了温暖。我作为你们的一位朋友,觉得非常荣幸。"他还诉说了当年访问日本期间,曾经参观了阪神大地震的遗迹,那种透彻的沧凉,至今都不能抹去,这不仅是心灵上的,还有物体方面的。创价学会的会员们一直都在帮助受灾的同胞,让他们从苦难中走出来,尤其是让他们树立对生活的信心。

灾难无情,人间有情,在我们觉得感伤的同时,王馆长的一句话就像为一张灰白的图片涂上了一层愉悦的色彩。他说:"我前面的这段话好像说得'远'了一点,但我想如果今天我不在这里表达我的这种心情,我后面的启蒙讲座就做得不顺畅,现在我表达了,那我就可以顺畅地来做我的启蒙讲座了……"大家又都笑了,再次热烈的掌声中透着理解与感动。

整个讲座,王馆长以冰心的爱为主线,诠释了她的思想如何贯穿于她的一个世纪人生与她的几百万字的作品中,讲到她的所得之

启蒙讲座

爱与她所施之爱，并以13个单元分别讲述了冰心的生平、冰心与台湾、与池田大作的交往以及创价学会为社会做出的贡献。王馆长妙语连珠地细说了冰心的生平事迹。他谈到："在这次的展览里面，始终贯穿了一个精神，这个精神是冰心一生为之追求的，就是'有了爱就有了一切'这样一种大爱、博爱的精神。"王馆长还以许多小故事，生动地讲述了冰心身处充满民族矛盾与斗争的20世纪，却仍然得到了爱的教育的童年生活。并以冰心的小诗与《寄小读者》为例，从中体现她以母爱、童心、大自然为支点的"爱的哲学"。曾饱受战乱之苦的冰心，旅居日本期间目睹战争带给人民的痛苦，深感仇恨只会为人类带来杀戮与伤害，故主张以"对话"、"沟通"来推动和平，这正与池田大作会长阐述的世界和平的理念完全契合。最后，王馆长说到："冰心与池田大作虽然只见过两次面，但是他们之间的友谊和他们之间的交流，不仅仅是建立在这两次的见面上，而更多的是建立在他们共同的精神层面与共同的理念上。"

讲座结束时，文化教育会议议长谢秀生女士在致词时表示，王馆长的演讲，针对冰心文学的观点，多次将池田先生与冰心"爱与和平"的理念相连结，做了非常精辟、撼动人心的阐述，让与会的我们无比感动、与有荣焉。冰心文学馆与创价学会有着不可分割的深厚缘分，期望透过此次"有了爱就有了一切——冰心生平与创作展"，将池田SGI会长与冰心为了世界和平之理念，广泛地播撒到世界上每一个角落。

3月12日下午2点30分，第二场讲座"儿童文学爱与和平教育座谈会——谈池田先生与冰心女士的儿童文学"，在至善艺文中心6楼新世纪厅隆重举行。王炳根馆长与南台科技大学王万清教授做了非常精彩的专题演讲，并与二百多位来自台湾各地创价学会的教师部及未来部带班与辅导老师进行了座谈。王万清教授举《太平洋上的彩虹》一书为例谈到："阅读池田先生的童话故事，体会与感受最深的就是'爱与和平'。而冰心的作品，不论是文体或精神内涵，都以儿童文学的成果最为丰硕。"演讲中，王馆长特别介绍冰心运用通信的"对话体"来表现其对儿童深挚的爱，正与池田大作先生透过"对话"拓展世界和平的理念与行动不谋而合。他认为，池田大作先生是一位非常伟大的人物，并从两方面论述了池田大作先生对人类幸福与世界和平的重大影响。第一点，池田大作先生所带领的创价学会以宗教为基础，积极展开文化、教育与和平的事业，这与一般宗教完全不同，在个创造。第二点，通过"对话"来达成人际和谐与世界和平，对话是人类最聪明的一种方式，池田大作先生的提倡是非常重要的，非常了不起的，非常有意义的！而冰心与池田大作两人深厚友谊的基础，即奠基在彼此都怀抱着对生命的热爱，并且一生都在关注着妇女与孩童的幸福。

生动的演讲在意犹未尽的掌声中告一段落，热情不减的观众十分踊跃地向两位演讲者提问，其中有一位来自台中的创价教师，她听了王馆长的演讲非常感动，当她问及王馆长与冰心、池田大作交往间印象最深的事时，王馆长亲切地与大家分享了他与冰心，还有池田大作交流的经历，得到了全场观众热烈的掌声。座谈会之后，王馆长向王万清教授赠送了包括全套《冰心论集》在内的冰心研究丛书，并风趣地说，王教授现在是全台湾拥有冰心资料最全的人，资料就是资源，资源就是资本，希望王教授成为台湾研究冰心的专家。最后，王馆长热情地邀请王教授带着冰心研究成果，来参加2012年的冰心国际学术研讨会。

讲座结束后，收集了观众们的"建议与回馈"单，有几则感想是这样写的：

听了王馆长的讲座，冰心女士虽然经历文化大革命，可是内心还是充满了爱，她用儿童文学跟儿童对话，希望他们要有正确的道德观，要有体贴的心，心中有爱，跟池田先生全力培育未来的儿童是一样的，都希望爱与和平传播到全世界！

——台北东区　张丽莉

听王炳根馆长描述池田先生，很让我感动，虽然我未见过先生，但王馆长的描述，身如其境。

——台北东区　陈佩如

冰心女士与池田先生的相同理念与精神，以及王炳根馆长谈到池田先生如"高山和大海"般伟大和亲近，让我十分感动，也引以为豪，以身为池田先生弟子为荣。

——台北　廖瑞真

冰心女士对小老鼠的生命都如此的尊重，连母亲遗传给她的病都爱，与池田先生所提倡的教育和平、文化是一致的。他们用对话的方式来传承，钟爱生命，珍爱生命，尊敬每个生命。

——城林区　蒋锡珍

从观众的感想中，我们可以看出他们对冰心与池田大作共同的精神与理念的深刻理解与赞扬，并从王馆长的演讲中体会到冰心与池田大作博大的爱心精神。

（4）走访文化圣殿，拜会知名人士

在台湾前后10天的行程中，冰心文学馆一行从台北一路往南，途径台中、嘉义、南投、台南、高雄，马不停蹄地进行文化访问：参观和走访了台湾故宫、钱穆故居、台湾文学馆、成功大学、苏雪林故居、中山大学、胡适纪念馆、林语堂故居；拜会了东道主台湾创价学会理事长林钊、台湾文学馆馆长李瑞腾、成功大学博物馆馆长陈昌明及文学院院长赖俊雄、中山大学校长杨弘敦及著名诗人余光中教授。

3月11日上午，参观了台湾故宫博物院。故宫博物院目前的藏品有67万件之多，为全球首屈一指的华夏文化典藏。分为书法、古画、碑帖、铜器、玉器、陶瓷、文房用具、雕漆、珐琅器、雕刻、杂项、刺绣及缂丝、图书、文献等14类，单单书画就有1万件之多。因为时间关系，我们不能细细品味故宫博物院给我们带来的震撼与历史知识，但专门安排的博物馆副研究员张文玲讲解，让我们在短短的时间内，看到许多珍宝，大开了眼界。下午3点许，我们来到位于台北市福林路的士林官邸，这里曾是蒋介石先生与宋美龄女士的居所，现在对外开放，内有中西合璧的庭院与建筑，花木扶疏绿荫遮天，我们在雨中感受着两位中国历史上的重要人物生活情景。下午4点钟，前往钱穆故居参观，雨中别致的素书楼和"一代儒宗"的书房，给我们留下了深刻的印象。

这天下午地，台湾创价学会林钊理事长携夫人谢秀生议长，与王炳根馆长一行在台湾创价学会总部进行正式会面，并陪同客人参观了至善艺文中心不对外开放的池田大作展览与陈列，林理事长说，王馆长是创价的朋友，就像自家人一样。谢秀生女士则激动地说："终于把'冰心'盼来了。"之后，林理事长谈到了举办此次展览的一个背后故事：原来创价学会要引进大陆著名作家的展览时，也考虑到的是鲁迅的展览，后来谢议长到了冰心文学馆，切身感受到冰心"爱的哲学"更契合创价学会的理念，于是决定首先引进冰心的展览。对此，王馆长深表赞同，他说，此次冰心展览的成行，是传递了一个来自大陆的信息，是一种爱与和平精神的表达，两岸文化教育等方面的交流必然是符合今后社会发展的趋势。最后，王馆长把亲笔书写的墨宝赠送给林钊、谢秀生伉俪，以及台湾展览的主办方、协办方。陈国勇副馆长也代表冰心文学馆向台湾创价学会赠送了有关冰心的书籍及其它纪念品。

3月17日上午,冰心文学馆与从台北专程前来陪同访问的林钐理事长一行,走进台湾文学馆,拜会了台湾文学馆馆长李瑞腾,副馆长张忠进,并赠送了纪念品。台湾文学馆最初是日据时代的"台南州厅",为台南州(今云林、嘉义、台南)地区的行政中心,另外兼有"台南市役所"(类似市政府)共同在此办公。此后,原址配合"古迹再利用",展开古迹修护与新建,大致恢复当年旧貌,被列入台湾古迹。因此台湾文学馆是古迹重建再利用成功的典范,它把新旧的两边的楼层相结合,融为一体,也是中西合璧,显示出不凡的建筑风格,对名人故居的保存与发展有一定的借鉴作用。在参观中,王炳根馆长特别注意到了文学馆中声、光、影等现代化展示手段的应用,觉得恰如其分的运用这些展示方法是吸引观众的重要手段。更加令人称道的是,参观当天,有两批上百名当地的小朋友正在文学馆内上课,在趣味的学习中认识台湾的文字与文学,无疑,台湾文学馆这样直接深入的社会教育功能是很值得大陆的纪念馆、文学馆学习的。

在台湾文学馆,我们还参观了特别展出的"三毛逝世20周年纪念特展",原先预定下午2点正式开幕,但李瑞腾馆长给了我们特例,由副馆长等人陪同我们,先行参观。一进展区,就能隐隐地听见那熟悉的"梦中的橄榄树",在音乐中不由地让你想起三毛,那个率真美丽的女子,想念她文章中的生命气息,想念她对人性对人生的理解和希冀。在参观过程中,王馆长指出,三毛在大陆的影响其实是非常大,在大陆有她忠实而又庞大的读者群,如果有可能,希望能引进三毛的展览到大陆去,甚至到王洛宾的家乡去,相信会有很多看点。参观结束后,王馆长饶有兴致地在手触式留言屏上写下了参观感言:"远望橄榄树,三毛啊!"并说,他想表达的话都在"三毛啊"这三个字中。确实,三毛的一生又岂能用文字和语言来表达?

走出台湾文学馆，我们乘车来到成功大学，拜会陈昌明馆长及成功大学文学院赖俊雄院长。王炳根馆长代表冰心文学馆同成功大学博物馆与文学院互赠书籍及纪念品，并就冰心与苏雪林的研究、文学类博物馆的建设进行了交谈。在陈昌明馆长引导下，冰心文学馆一行穿过开满紫荆花的成功大学校区小路，前往位于校内的苏雪林故居参观。在中山大学博物馆宴请的午宴上，王馆长与陈昌明馆长和赖俊雄院长就与现代文学研究方面可能的合作，进行了初步的探讨，并邀请他们参观冰心文学馆。

17日下午，前往高雄中山大学访问，拜会了著名诗人余光中、中山大学校长杨弘敦以及文学院院长李美文。林钊理事长首先代表台湾创价学会邀请余光中教授参观冰心展览。王炳根馆长则表示期待两岸文化的交流，透过这次展览，进一步传递冰心女士爱与和平的理念，让两岸学术及文化关系更加密不可分。他还说，余光中教授对大陆有很大的影响，在两岸起到了情感沟通的桥梁作用。杨弘

▍与余光中（中）会面

敦校长表示赞同，并称文学的传承是两岸共同使命。王馆长简要阐述了建设海峡作家文库的理念，介绍了海峡作家文库的工作进程，余光中先生作为第一批入选海峡作家文库的重要诗人，希望余教授对文库的建设提供支持和帮助。余光中教授郑重地收下作家文库文物征集的正式函件，表示会认真考虑此事，并给予一定的支持。在落日的余晖中，参观了"春天来到西子湾"的诗配画展览。这个展览根据诗人余光中的诗作所办的画展，每一幅画都是为余教授的诗歌所画，非常有特色。

3月18日，冰心文学馆一行回到台北，先后参观了胡适纪念馆与林语堂故居。在胡适纪念馆，我们参观了胡适先生南港住宅以及陈列室，导览员为我们做了详细的解说，使我们对胡适先生有一更深入的了解。在林语堂故居，王炳根馆长驻足良久，还特地带着大家到故居背后的林语堂墓地瞻仰、鞠躬，对这位长眠花于阳明山上的福建乡贤、幽默大师，表示深深的敬意。随后，王馆长向林语堂故居的蔡佳芳主任，表达了海峡作家文库的建设理念，介绍了文库的建设进程，说明林语堂先生为第一批入选文库的大师，希望林语堂故居能给予资料上的支持和帮助。蔡主任表示，他们会尽量提供帮助。在林语堂故居售书部，王馆长选购了一批台湾出版的林语堂著作版本，为建立海峡作家文库作积极的准备。

一系列的文化交流与访问，结下了新的友谊，为今后进一步的文化交流，打下了良好的基础。王炳根馆长一路言传身教下，他的丰富的对外交际、交谈与演讲的经验，让我们一行人受益匪浅，为冰心文学馆今后对外宣传与交流，积累了宝贵的经验。在台南和台北等地，王炳根馆长还先后接受了台湾中央广播电台、《国语日报》、《和乐新闻》等媒体的专题采访，就冰心台湾展览的意义、冰心与台湾的关系、冰心的儿童文学等话题，进行了阐述与描述，为台湾媒体宣传冰心提供了生动的资料与素材。

（5）日月潭与阿里山

　　3月13日，冰心文学馆一行在台湾创价学会杨智雯与林时谊的引导下，深入到台湾中南部地区，切身感受了台湾原汁原味的风土人情。在日月潭，接待我们是的台湾创价学会会员林文生先生，他热情好客，细心周到，带着我们参观了九族民族村，体验了9个民族不同的民俗风情，傍晚观看了依达邵的姑娘们热情的表演。之后，我们在日月村的一家叫做月潭小栈的民宿住了下来。初到日月潭，来到日月村这个小镇，感觉她就像一个质朴纯净的姑娘，安静地欢迎我们的到来。游潭是在第二天，9时出发，来到传说中的日月潭。游艇犁开清澈的湖水，在薄雾中航行，林文生先生像魔术师般的从他背着的大包里，取出两壶热茶、一大包纸杯，一一递到我们每一

在日月潭

个人的面前。游日月潭，品阿萨姆红茶，真乃人生一大乐事。而这一切都是创价学会的朋友细心周到的安排与关爱。

游船从邵族码头到水社码头，上船小歇，再折回玄光寺。在这里，我们还品尝到了有着五十年的的阿婆茶叶蛋，据说这个阿婆从少女时代就开始卖茶叶蛋，一直到现在，五十年了，声名远播，游日月潭而未吃到阿婆的茶叶蛋，便是一件遗憾之事。

从日月潭前往阿里山，途中参观了位于南投县的"水里蛇窑"陶艺文化园区。"水里蛇窑"创建于1927年，至今已传承三代。它是由原来的旧窑场改成，并强调"传统与现代"结合，渐渐成为一处保存台湾陶艺文化园区。蛇窑最早起源于福州，因窑长似蛇，且顺着山坡砌成而得名，由于主要以木柴为燃料，胚体上形成的朴拙质感，深受大众喜爱。在阿里山，我们入住"十方意境——仲明居"，居所的主人叶士铭先生也是创价学会的会员，知识渊博，特别是在植物学方面，让我们充分感受到阿里山物种的丰富性。叶先生用专车送我们人玉山景区，远观玉山这座华东第一高峰上的积雪，观看了已有2700年历史的鹿林神木，还有1000多年的夫妻树，苍凉地挺立在蔚蓝的天空下。夫妻树在1963年遭受过火灾，1996年又遭到雷劈，已成枯木，但我们惊喜地发现，枯枝上又长出了嫩绿的新枝，显示着生命的顽强。

阿里山最著名的莫过于"阿里山国家森林公园"。游乐区面积有1400公顷，乘坐小火车，向海拔二千多公尺的山间爬升，一路可观赏到不同的植被。每年花开时节，整座山就会被装点成美丽缤纷的花海。我们来时，花事正闹，古木参天的的林荫小径上，一片鸟语花香。樱花的妆点，深深浅浅、高低错落，那是阿里山最动人心魄的山林美色。沿着步道而行，姐妹潭、绿色森林、三代木、象鼻木，都令我们感动。还有奋起湖、老老街、老街、特急餐饮便当，都令我们回味无穷。

当我们在台湾举办展览的时间段，台北的国际花卉博览会正逢热闹，我们自然也享受了一场花的盛宴。

3. 为爱感动

冰心文学馆王炳根馆长一行先期回到大陆，冰心的展览留下来了，台湾创价学会精心管理，倾情接待。几百名的导览员，轮流来到展厅值班，为观众讲解。

诚如前面所言，冰心没有到过台湾，但在台湾有她很多的"小读者"。她的作品在课文中在书店里，从未间断过。展览的消息通过现代传媒的立体传播，进入台湾的家家户户，位于台湾故宫对面的至善文化会馆，自开展之日，观众络绎不绝，每天平均有200多人参观，仅在留言本上写下留言的便有300多位。他们为冰心而来，为大爱精神而来，为大陆如此重视一位宣扬博爱精神女作家的善意而来。观众不仅有展览地台北与新北市的，有的还从台南、从高雄、从台东、从台中等地而来，全台湾热爱冰心、热爱文学的人，都不想错过这么一个与文学、与冰心亲近的机会。其中有耄耋老人，有莘莘学子，有白领阶层，有家庭主妇，还有国际友人。参观者为冰心先生"有了爱就有了一切"的大爱精神深深感动。

留言中，许多观众都赞美和赞同冰心先生的和平与大爱的理念："中华文学中对和平、文化及思想，最具体的表现。"（姚智元）"看完冰心展后，深深佩服冰心的人格，满溢的爱，对孩童、对全人类，如果有了爱，就会看见美好，就能消除所有的对立与冲突，希望自己也能成为以爱去包容一切的人。"（陈映羽）"有了爱就有了一切真的感动人心，以爱去包容一切，以爱去溶解战争与仇恨，真是一位了不起的女性。"（吴凤兰）"让我感动的是，对人民的爱，冰心坚信，青春永远属于劳动，春天即将到来。就如池田先生所说'冬必为春'的理念是一致的。"（沈珍如）"冰心女士的话语仿佛一股简单却强烈的暖流,一句一句深深打动心底,甚至感觉被这样一份宽大的爱紧紧包围着,给了我勇气和力量,真是谢谢幕前幕后工作人员用心的保留宝贵的文献!辛苦了!"(蔡依铮)

有的观众感叹冰心先生对生命意义的执着追求:"春天在每个人的心底,在每一人超越信心的生命里,任何人都可以从80岁才开始。"(谢华明)"我很欣赏冰心,她像大海中的灯塔,照亮航海中船的方向,给我们人生的启示:让爱感动世界。非常谢谢这个举办单位!"(邓妙卿)"领略冰心的文学风采,拜读冰心的人生写真,让学生们也懂得大时代的人性,只要有智慧,有爱心,有自己的坚持,必能走过一段精彩的人生岁月。"(李俊辉)

还有许多观众对扩大展览的影响力提出建议:"谢谢您们,请传达给中高以上的学校相关科系共享。"(蔡淑慧)"意义不凡,希望扩大影响力,给更多中国人提供更多知识,并启迪未来学子们的智慧。谢谢!"(徐汉青)专程从台中前来参观的翁采芳留言说:"能在台湾完整呈现冰心——中国五四以来伟大的文学家一生之展览,诚属可贵!希望有朝一日能亲临福州参观冰心文学馆。惟一可惜之处,是只有在台北展览,希望日后能在台湾其他地区巡回展出,以飨台湾爱好文学之民众!"

4月5日,"有了爱就有了一切——冰心生平与创作展",历时25天,落下帷幕。4月6日,冰心文学馆馆长助理李密密、馆员陆广星专程前往台北撤展,所有的展品、手稿、版本等,将悉数随机带回大陆。

正式撤展前,洪玉柱先生带着我们到尚未撤展的展览大厅里,一一介绍展览会布展和展览的基本情况,同时向我们征求撤展时双方如何配合等建议。14时30分许,撤展工作正式开始,台湾创价学会艺文处的工作人员,身穿围裙、口戴口罩、手着手套,两人一组,井然有序地撤展,经双方核对登记后,将展品分13个单元,保护性包装后,按序摆放,装入箱中。

8日下午,阳光灿烂之中,冰心展览的所有展品,随撤展人员乘坐的飞机,降落在长乐国际机场,安全地回到冰心文学馆的怀抱。

2011年4月17日

(本文转摘自《爱心》总第38期,第一部分由邱伟坛、第二部分由刘冰冰、第三部分由李密密提供初稿,王灿统稿。)

1=^{b}B

永远的爱心

（独 唱）

秋枫 词
施定其 曲

（通俗演唱：1=F） $\frac{2}{4}$

中速稍慢 深切怀念地

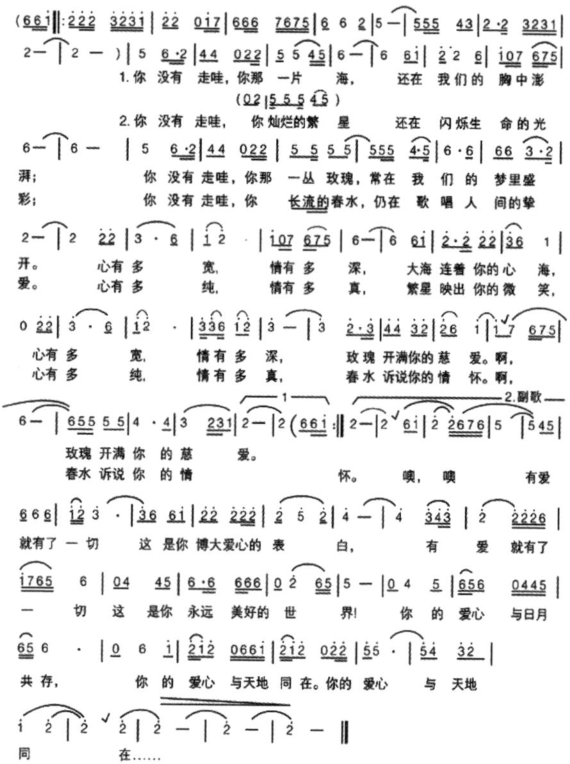